# 한국 외교의 길,
# 석학들이 답하다

정세현

윤영관

HU:iNE

문정인

한승주

석학들이 답하다

# 한국 외교의 길

김종휘

이종석

위성락

하영선

**황재호** 엮음

# 머리말

한국 외교의 정책적 우선순위에서 대북정책은 오랫동안 모든 여타 외교영역을 압도해왔으며, 한국 외교의 A to Z가 되었습니다. 이로 인해 대북정책과 외교정책 사이 균형이 크게 흔들렸습니다. 여기에 더해 미중경쟁의 심화로 인한 한쪽을 선택해야 한다는 압박감은 한국 외교의 활동 영역을 더욱 위축시켰습니다.

단 2022년 오늘의 미중관계, 미국 리더십, 북한은 5년 전과 질적으로 다릅니다. 또한 포스트 코로나 시대 한국 외교는 다양한 전통·비전통 안보 도전에 직면해 있습니다. 중장기 국익을 고려하는 전략적 시야와 섬세한 정책수립이 절대적으로 필요한 시점입니다. 한국은 전략적 취약성을 극복하기 위해 중장기적 전략을 대폭 강화할 필요가 있으며 정권의 부침과 이데올로기적 편향성을 극복해야 하겠습니다. 지도자, 정부, 언론, 학계의 외교 인식 개선이 필수이며 이를 바탕으로 국익을 달성할 수 있는 실질적 외교정책을 펼쳐 나가야 하겠습니다.

미중경쟁 시대 외교·안보·통일 관련 신 정부의 녹록지 않은 외교환경을 고려하며, 국내외에 정책적으로 학문적으로 명성이 높으신 석학 여덟 분을 모시고 한국 외교의 틀과 방향에 대해 고견을 듣는 시간을 가졌습니다. 본 편자는 지난해 상반기 국내 일간 경제지 아시아경제와 '황 교수의 외교 오딧세이'를, 하반기에는 국내 영자 일간지 코리아헤럴드와 'Hwang's China and the World'의 대담 기획을 통해 한국 외교의 나아갈 길을 모색해보았습니다. 한반도의 평화·안정·번영 확보 및 한국 외교의 국격, 국익, 국위 제고를 위한 중장기적 정책기조 수립과 담론 형성에 기여하고자 하였습니다.

여덟 분 중에서 아시아경제 대담을 하신 일곱 분의 명단, 주제, 시간은 다음과 같습니다.

· 정세현 前 장관 "미국은 북한을 중국에게 빼앗기지 말라", 2021년 3월 6일.
· 윤영관 前 장관 "세계 10위권 국가 韓, 국제질서 바라보는 시각은 아직 19세기", 2021년 3월 20일.
· 문정인 이사장 "미·중 진영외교 넘어선 초월적 외교해야", 2021년 4월 3일.
· 한승주 前 장관 "현 정부, 중국에 저자세…'밀면 밀리는' 외교해선 안돼", 2021년 4월 10일.
· 이종석 前 장관 "대북정책, 단계적으로 성과 낼 수 있도록 해야", 2021년 4월 24일.
· 하영선 명예교수 "中, 美 세계질서 주도력 대체 어려워", 2021년 5월 8일.
· 위성락 前 대사 "신북방정책, '거대 비전'보다 성공 경험 축적해야", 2021년 5월 22일.

코리아헤럴드와 대담을 하신 한 분의 명단, 주제, 시간은 아래와 같습니다.

· 김종휘 前 수석, "북방정책에서 바라보는 신북방정책(Looking on New Northern Policy, from the Origin)", 2021년 12월 3일.

이 책자는 사실 여덟 분이 공동저자라 말씀드릴 수 있습니다. 대담을 마친 후 한국 외교의 미래를 위해 여덟 분의 오랜 경륜과 지혜, 디테일한 경험을 기록으로 남겨야 하겠다는 생각을 하게 되었습니다. 여덟 분과의 대담 결과는 크게 미중관계 및 우리의 대응 두 가지로 압축될 수 있었습니다. 여덟 분의 한국 외교의 본질과 방향에 대한 이해 및 대응의 수단과 방법과 대해 약간의 차이가 있었습니다. 그러나 이는 단지 인식의 차이일 뿐, 대한민국의 미래와 한국 외교를 걱정하는 마음은 모두 하나였습니다. 또한 한국 국익을 가장 우선하는 마음과 함께 국제사회의 평화와 번영을 걱정하는 마음 또한 하나였습니다. 그리고 그 마음이 있는 그대로 느껴졌습니다.

여덟 분께 후배 연구자로서 깊은 존경심과 감사의 마음을 이 지면을 빌어 전해 드리고자 합니다. 여덟 분과의 대담이 이 분야의 관련 전문가, 관료, 연구자, 일반인에게 많은 도움이 있었으면 합니다. 저 개인적으로도 한국 외교의 과거, 현재, 미래에 많은 가르침을 받았습니다. 이 책의 마지막 장절에 부족하지만 약간의 정책 제언을 더하였습니다.

마지막으로 대담특집을 함께 한 아시아경제와 코리아헤럴드에게 감사의 말씀을 드립니다. 그리고 꼼꼼한 교정으로 책자의 완성도를 높여준, 또 같은 연구자의 길을 가려는 사랑하는 제자 신의찬 군에게도 고마운 마음을 전합니다.

2022년 6월 30일

이문 연구실에서 황 재 호

# 목차

제1장

# 미국은 북한을 중국에게 빼앗기지 마라

**정세현** 전 민주평화통일자문회의 수석부의장

**정세현** 현재 한국통일협회 회장을 맡고 있다. 서울대 외교학과를 졸업하고 동 대학교 대학원 석·박사 과정을 마쳤다. 1977년 국토통일원(현 통일부) 연구원으로 공직생활을 시작하였으며, 세종연구소 수석연구위원을 거쳐 청와대 비서실 통일비서관과 민족통일연구원 원장을 지냈다. 김대중 정부 통일부 차관을 수행했으며 남·북 회담 수석대표로도 참여하였다. 2002~2004년까지 통일부 장관을 역임하였으며, 평화협력원 이사장, 원광대학교 총장, 한반도평화포럼 상임공동대표, 민주평화통일자문회의 수석부의장을 지냈다. 저서로는 "담대한 여정"(2018) 등이 있다.

©문호남 기자

## 중국 외교, 학문적 호기심의 시작

**황재호** 수석부의장님, 이렇게 귀한 시간을 내어주셔서 진심으로 감사드립니다. 오늘이 아시아경제와 함께 기획하는 외교 오딧세이의 첫 대담입니다. 부의장님께서 지나오신 길을 돌아보면 한반도 통일을 위한 긴 여정에 서 계셨던 것같습니다.

**정세현** 제가 통일부에서 근무해 오랫동안 통일 문제를 다뤄왔기 때문에 사람들이 잘 모르고 있지만 사실 제 전문분야는 중국입니다. 저는 중국 문제를 공부하면서 교수를 꿈꿨던 사람입니다. 제가 1970년대에 중국에 관한 공부를 시작하고 박사논문을 준비할 당시는 중국이 개방개혁을 실시했던 시기였습니다. 당시 저는 개방개혁을 시작한 중국이 경제적으로 성장하게 된다면 반드시 과거 한나라, 당나라 그리고 명나라, 청나라가 누렸던 위상을 회복하려고 할 것이라는 생각을 가지고 있었습니다. 그래서 이러한 변화를 주제로 공부를 마치게 되면 중국전문가로서 교수가 되었으면 생각을 했었습니다. 그러다 통일 문제를 다루고, 관련 기관에서 근무하게 되면서 지금까지 오게 되었습니다.

**황재호** 부의장님 과거 박사과정 논문에 대해 좀 말씀해주시겠습니까?

**정세현** 제가 당시 서울대학교에서 작성했던 박사논문의 제목은 '중국의 대외정책관 전개에 관한 연구: 우적(友敵) 개념을 중심으로'였습니다. 짧은 시기 저는 대만에 춘추전국시대의 합종·연횡가 소진(蘇秦)과 장의張儀)를 공부하러 갔었습니다. 전국시대의 합종연횡 개념은 무력외교(Power Politics)를 의미하는 합종과 세력균형(Balance of Power)을 의미하는 연횡으로 이루어져 있으며 이는 미국 또는 영국이 발전하기 훨씬 전부터 중국에서 발전한 정치개념입니다. 저는 이를 바탕으로 논문을 작성하려고 했었으나 당시 대만에서는 정치사상을 가르치지 않았습니다. 그때는 장개석이 집권할 시기였고, 정치가 제대로 서지 않는 상황에서 정치사상을 가르칠 이유가 없었던 것입니다. 정치사상이라는 것은 근본적으로 저항의 논리입니다. 한국에서도 1970년대 박정희 정권의 독재시절에는 정치사상을 강의하는 대학들이 거의 없었습니다.

## 미국은 쇠퇴하는 국가, 중국은 부상하는 국가

**황재호** 그간 부의장님은 한반도 문제에 대해 많은 말씀을 해오셨습니다. 그럼 오늘 대담은 한반도 문제보다는 한반도를 둘러싼 구조적 문제, 즉 미중관계와 국제정치를 중심으로 한반도 문제를 조망해 보면 어떨까 합니다. 그것이 아마도 더 독자들이 호기심을 가질 것 같습니다. 먼저 미중관계 및 한반도를 둘러싼 동북아시아의 국제정세 질서가 어떻게 변화될 것인가에 대하여 총론적인 이야기로 시작하셔도 좋을 것 같습니다.

**정세현** 좋습니다. 현재 중국은 동북아 국제질서를 변화시키기를 원하고 있으며 미국은 중국을 견제하여 동북아지역에서 자국의 헤게모니(hegemony)를 그대로 유지하기를 원하고 있습니다. 이러한 갈등 및 경쟁이 지속되는 상황에서 그 사이에 위치한 우리는 어느 쪽과 협력할 것인가가 매우 중요한 이슈입니다. 이러한 상황에서 과연 미국과의 협력관계를 유지할 것인지, 중국과의 새로운 협력관계를 모색할 것인지 또는 자국 중심성을 유지한 상황에서 독자적인 외교노선을 마련할 것인지에 대해서 이야기해 보는 것이 좋을 것 같습니다.

오늘날 미국이 전 세계의 패권을 가진 제국이라고 볼 때, 중국은 과거 세계를 호령하던 제국이었습니다. 그리고 중국은 현재 과거 제국시절에 누리던 영광을 재현하려는 야망을 가지고 있습니다. 특히 과거 후진타오 주석의 중화부흥, 현 시진핑 주석의 중국몽과 양개 일백년 개념(중국공산당 창당 100주년이 되는 2021년 전면적인 소강사회 건설 목표를 실현하고, 신중국 건국 100주년이 되는 2049년 중화민족의 위대한 부흥의 꿈을 실현한다)에서 이러한 야망이 잘 나타나 있습니다.

헨리 키신저가 말했듯이 현재의 미국은 쇠퇴하는 국가이며, 중국은 부상하는 국가가 되어가고 있습니다. 트럼프 정부 시절부터 현재 바이든 정부에 이르기까지 미국은 계속해서 중국이 초강대국으로 부상하는 것을 막기 위한 정책들을 추진하고 있습니다만 저는 개인적으로 이러한 미국의 정책은 성공하기 어렵다고 생각합니다. 이는 중국이 특별한 국가이기 때문이 아닙니다. 현재 미국의 경제성장은 한계에 도달했고, 성장지수 이전에 대외적으로 무역을 통한 국가이익을 창출하는 데 어려움을 겪고 있습니다. 보통 경제성장률은 군사력 성장률과 비례하기 마련인데 중국경제는 코로나 위기 상황에서도 4% 이상 성장한 반면 미국은 그렇지 못합니다.

이러한 경제상황과 더불어 중국은 양개 일백년이라는 아젠다까지 추진하고 있는 상황에서 이제 미국은 중국과의 갈등 및 대립보다는 공존을 준비해야 하는 상황이지만 미국정부는 지속적으로 중국을 압박하는 정책을 추진하고 있습니다. 저는 미국이 현 상황을 잘못 진단하고 있다고 봅니다.

미국은 현재 중국과의 대결구도를 소위 민주주의 대 공산주의의 대결로 바라보는 경향이 있습니다. 미국은 시진핑을 중국의 공식명칭인 중화인민공화국(People's Republic of China)의 지도자로 바라보기보다는 중국공산당(Chinese Communist Party)의 총서기로 부르는 것만 봐도 이러한 경향을 파악할 수 있습니다. 그러나 중국공산당을 내세워 중국이 민주적이지 않다고 하는 것은 매우 현명하지 않은 주장입니다. 공산주의 체제에서 공산당이 집권하는 국가를 두고 민주적이지 않다고 비난하는 것은 말이 되지 않는 것이고, 그야말로 연목구어(緣木求魚)라고 할 수 있습니다. 아무리 힘을 가진 국가라 하더라도 주변 국가들의 동참과 협조를 이끌어내기 위해서는 명분이 있어야 하며, 이러한 관점에서 볼 때 현재 미국이 중국공산당에게 인권과 민주주의를 들어 압박을 가하는 것은 초점을 흐린 정책이라고 봅니다. 이는 절대로 반미주의를 이야기하는 것이 아닙니다.

### 키신저의 중국활용론

**황재호** 첫 번째 질문으로 바이든 행정부 이후의 미국의 대외정책에 대해 말씀 부탁드립니다.

**정세현** 미중관계의 맥락에서 볼 때, 미국이 중국의 부상에 대해 집중하기 시작한 것은 오바마 행정부 때가 처음입니다. 현재 바이든 행정부의 국가안전보장회의(National Security Council) 인도태평양조정관에 내정된 커트 켐벨(Kurt Campbell)은 오바마 행정부 1기 당시였던 2010년에 아시아로의 회귀(Pivot to Asia)정책을 추진했고, 이것이 미국이 중국의 부상을 본격적으로 견제하기 위한 노력을 하고 있음을 보여준 첫 사례였습니다. 그리고 이어서 나온 것이 아시아 지역에서의 세력균형을 재조정하기 위한 아시아 재균형(Asia

Rebalancing) 정책입니다. 과거 아시아 지역에서 미국의 헤게모니가 최상위에 위치한 반면 중국은 가장 하위에 위치한 국가였습니다. 그러나 중국의 경제와 군사력이 성장하면서 아시아 지역에서의 영향력이 증대되었고 이로 인해 미국과 중국 사이에 좁혀진 힘의 균형을 재조정하여 다시 한번 격차를 벌리겠다는 것이 아시아 재균형 정책의 주요 목표였습니다.

당시 중국의 부상을 미리 감지하고 미국정부에게 중국과의 대화를 추진할 것을 권고했던 사람이 바로 헨리 키신저입니다. 키신저는 이미 1972년 닉슨 대통령의 방중을 성사시켰고, 미중관계를 정상화하고 재정립하는 데 중요한 역할을 했던 인물입니다. 오늘날 중국의 국제적 부상에는 키신저의 역할이 크게 작용했습니다. 사실 키신저가 닉슨 대통령이 중국을 방문토록 한 것은 중국과 소련을 분리시키기 위한 목적이었습니다. 외교라는 것이 그렇습니다. 공산주의를 두 세력으로 분열시켜야 미국의 글로벌 헤게모니를 강화할 수 있다는 생각이 있었고 한 세력으로 뭉쳐져 있던 중국과 소련을 분열시키는 가장 좋은 방법이 미국의 대통령이 중국을 방문하여 대화를 하는 것이라고 키신저는 생각했던 것입니다. 말하자면 호랑이를 잡으러 호랑이 굴속으로 직접 들어가는 전략을 택한 것입니다.

중국은 중국 나름대로 소련의 간섭과 견제를 피하기 위해서는 미국의 지원이 필요하다는 생각으로 협력을 택했습니다. 이후 우리가 알다시피 중국은 빠르게 성장했고 중국의 개혁개방을 끌어내는 데 큰 역학을 했던 키신저의 입장에서 볼 때에도 중국이 이토록 빠르게 부상할 것이라고는 예상하지 못했었습니다. 이와 관련하여 키신저는 미국은 경제성장이 더딘 상태에서 지속적으로 쇠퇴하는 과정에 있는 반면 중국은 빠른 경제성장을 발판으로 부상하는 과정에 있다는 것을 인식하고 적어도 동아시아 지역에서는 미국의 헤게모니에 도전할 것이라고 생각했습니다. 그리고 이러한 주장을 바탕으로 '중국 이야기(On China)'라는 저서를 집필했습니다. 사실 당시에 제가 이 책을 직접 번역하려고 했었는데 원광대학교 총장으로 부임하게 되는 바람에 성사되지 못했습니다. 다시 이야기로 돌아와서 키신저의 이러한 주장은 커트 캠벨과 오바마 행정부에도 영향을 미쳤고 중국의 부상을 인식하고 대응하기 위한 정책을 마련하도록 만들었습니다.

## 미국, 중국의 신형대국관계 제안을 받을 수 없다

**황재호** 그러나 실질적으로 오마바 행정부는 임기 내내 아시아로의 회귀, 아시아 재균형 정책을 통해 중국을 효과적으로 관리하는 데 실패했습니다.

**정세현** 네. 2013년 3월 시진핑이 중화인민공화국의 국가주석이 된 이후 2013년 6월 휴양지에 있던 오바마 대통령을 방문하여 나눴던 대화 내용을 생각해봅시다. 사실 들어보면 모골이 송연해질 정도였는데 미국은 크게 신경을 쓰지 않았던 것으로 보입니다. 당시 대화의 주요 내용으로는 첫째, 태평양은 미국과 중국이 나눠 쓸 수 있을 정도로 충분히 넓다는 것이었습니다. 즉 미국에게 하와이 동쪽으로 물러나고 태평양의 서쪽은 중국에게 양보하라는 의도를 가진 말입니다. 둘째, 미국과 중국과의 관계를 신형대국관계로 발전시키자는 것이었습니다. 과거 미소 냉전시기의 대국관계는 군비, 우주 경쟁 등을 통한 제로섬 게임(zero-sum game)관계였습니다. 그러나 중국의 신형대국관계는 미국과 중국이 양극체제(bipolar system)를 인정하고 서로 협력하여 양측에 이익이 되는 관계를 지속하자는 것입니다. 중국의 입장에서 이러한 협력관계를 주장하는 실제 목적은 미국의 체면을 세워준다는 것보다는 아직까지 자신들의 국력이 미국을 넘어서지 못함을 인정하되 힘을 기를 때까지 어느 정도 중국의 지위를 인정해 달라는 의미입니다. 가령 고등학교 3학년 학생이 중학생을 대하듯이 하지 말고, 고등학교 2학년 학생을 대하는 수준으로 대접해 달라는 것으로 받아들이면 되겠습니다. 이것이 중국이 의미하는 신형대국관계입니다. 이러한 중국의 입장에도 불구하고 제가 느끼기에 당시 미국은 여전히 중국의 영향력을 간과하고 있었던 것으로 보입니다.

미국은 제1, 2차 세계대전을 거치면서 전 세계의 패권을 쥐게 되었고, 이에 소련이 도전하는 형국으로 냉전시기가 지속되었습니다. 냉전시기 동안 소련으로부터 일부 영향권을 빼앗기고 위협을 받기도 했지만 반세기 동안 미국은 초강대국으로서 세계를 호령했고, 특히 1989년 몰타에서 미국의 부시 대통령과 소련의 고르바초프 서기장이 미소정상회담을 통해 탈냉전 시기로 접어들면서 미국은 더욱 기고만장해졌습니다. 1945년 이후 소련과의 약 45년 동안 이루어진 경쟁이 끝나고 유일한 초강대국으로 남은 미국은 오만해졌습니다. 사실 지난 대선 당시 트럼프 대통령은 미국 우선주의(American First)와 '미국을 다시 위대하게(Make America Great Again)'라는 슬로건을 외치면서 소위 말해 대국으로서 자신들의 힘을 맹신하고 다른 국가들을 무시하는 경향이 있었던 것이 사실이며 이는 중국에게도 적용되었습니다.

## 미국, 대중국 지피지기 전략이 없다

**황재호** 다음으로 중국의 대외정책을 어떻게 전망하고 계시는지 궁금합니다.

**정세현** 중국의 경우 시진핑 시대에 접어들면서 본격적으로 중국몽을 이야기하기 시작했습니다. 중국공산당이 수립된 것이 1921년이고, 2021년은 중국공산당 창당 100주년이 되는 해로 기념행사는 매우 장대하게 진행될 것입니다. 중국공산당이 창당한 지 100주년이 되는 해에 소강사회를 구축하고, 중화인민공화국이 수립된 1949년으로부터 100년이 되는 2049년까지 대동사회를 실현하여 중국경제가 미국경제를 앞서나가는 사회를 만드는 것이 현재 중국의 양개 일백년 계획의 핵심입니다. 이렇듯 중국의 대전략을 대비하기 위해 미국은 중국을 어떠한 방식으로 관리해야 하는가가 중요합니다.

미국이 중국을 비롯한 다른 국가들을 관리하는 정책을 살펴보면 소위 손자병법에서 말하는 '지피지기 백전불태(知彼知己, 百戰不殆, 상대를 알고 나를 알면 백 번을 싸워도 위태롭지 않다)'의 접근법이 전혀 나타나지 않고 있습니다. 이는 북핵 문제를 다루는 방식에서도 동일하게 나타나는데 미국은 북핵 문제 해결을 위해 북한을 계속해서 압박하고 제재하는 것이 효과적이라는 생각을 가지고 접근하고 있으나 이는 잘못된 생각입니다. 미국은 중국의 잠재력을 저평가하고 있으며 중국의 부상에 대한 대응이 계속해서 늦어졌습니다. 트럼프 행정부 당시 뒤늦게 위기의식을 느끼고 시행한 전략이 주변국과의 동맹관계를 강화하여 중국을 고립시킨다는 이른바 인도·태평양 전략입니다. 인태 전략은 중국이 남중국해, 동중국해를 거쳐 태평양으로 진출하는 것을 막겠다는 전략으로 2013년 6월 시진핑 국가주석이 오바마 대통령에게 제시했던 태평양을 나눠쓰자는 이야기가 이러한 전략이 수립된 배경에 영향을 끼쳤을 것이라고 생각합니다. 또한 미국은 인태전략과 더불어 미국, 일본, 인도, 호주가 참여하는 쿼드(QUAD)와 이에 한국, 베트남, 뉴질랜드 등을 포함하는 쿼드 플러스(QUAD Plus)를 통해 중국을 봉쇄하려는 전략을 취하고 있습니다. 봉쇄정책은 제2차 세계대전 이후 소련의 세력 확장을 막기 위한 미국의 정책으로 현재의 인태전략, 쿼드 및 쿼드 플러스는 과거 미국의 봉쇄정책의 21세기 버전으로 볼 수 있습니다. 이렇듯 미국은 중국을 연구하고 중국의 급소를 찾아내 공격할 생각을 해야 함에도 불구하고 막는 전략 방식 수준에 머물러 있는데 저는 미국이 중국을 대하는 방식에 있어 물을 막고 그 안에 갇힌 물고기를 퍼 올리는 방식이 아닌 도구를 활용한 낚시방법을 활용하고 고안해야 한다고 생각합니다.

현재 미국은 한국에게도 쿼드 플러스에 참여하기를 요구하고 있지만 중국과의 경제관계가 한국경제의 버팀목인 상황에서 여기에 참여하게 되면 중국의 대한국 제재가 이루어질 가능성이 매우 높고, 그렇게 되면 한국은 엄청난 타격을 받을 수밖에 없을 것입니다. 이런 상황에서 경제를 책임져 줄 수는 없지만 그럼에도 미국의 편에 서라는 것은 매우 가혹한 요구입니다. 쿼드 플러스에 참여하지 않겠다는 것이 미국과의 동맹관계를 포기하겠다는 것을 의미하지는 않습니다. 오히려 여기에 참여하게 되면 반중국 노선을 선택하는 것으로 그렇게 되면 한국경제는 위기에 봉착할 것입니다. 바이든 행정부는 소위 민주주의, 독재, 인권 등을 포함하는 가치를 강조하며 동맹 국가들에게 협력을 요구하였습니다. 미국은 이를 통해 중국을 압박하고 제재하면 중국의 성장에 제동이 걸릴 것으로 생각하였지만 이는 중국의 저력에 대해 잘못 평가하는 것입니다.

## 미중 신냉전의 촉발 가능성

황재호 한편 2019년 한 국제컨퍼런스에서 키신저는 국제질서가 신냉전의 초입에 와 있다고 언급한바 있습니다. 앞으로의 미중관계는 경쟁의 측면 또는 협력의 측면 어느 쪽이 더 강하게 나타날 것으로 생각하시는지요?

정세현 신냉전이라는 개념은 사람에 따라 다르게 정의될 수 있습니다. 먼저 시진핑 주석이 오바마 대통령을 방문하여 언급했던 신형대국관계를 신냉전과 연결하여 생각할 수 있을 것 같습니다. 과거 냉전시기의 미소관계는 서로가 치열하게 경쟁하는 제로섬 게임의 관계였지만 미중 간 새로운 관계는 윈윈으로 나아가자라는 것이 중국의 입장입니다. 그리고 여기에는 중국 자신들의 힘이 미국을 넘어설 때까지 협력을 유지하자는 중국만의 내심이 깔려 있습니다.

2019년 키신저는 현재 미중관계는 신냉전의 초입에 서 있다 또는 신냉전의 언덕을 오르고 있다는 표현을 사용했습니다. 신냉전이라는 것은 과거 냉전시기 소련을 중심으로 하는 공산주의 블록과 미국을 중심으로 하는 민주주의 블록의 경쟁과는 다르게 진행될 것입니다. 미소 냉전 시기에는 미국과 소련의 경제교류는 없었고, 설사 있다 하여도 그 영향력이 매우 적었습니다. 그러나 현재는 중국의 경제가 급속도로 발전하면서 미국에도 엄청난 수출을 하고 있으며, 심지어 미국의 상당히 많은 기업들이 중국기업들의 영향력을 크게 받고 있는 상황입니다. 즉, 경제적인 먹이사슬이 형성되어 있는 것입니다. 그렇기 때문

ⓒ문호남 기자

에 미국이 아무리 중국에 대한 경제제재를 시행하더라고 이는 결과적으로 미국의 기업과 경제에도 타격을 주는 것이 됩니다. 이토록 상호의존성이 높아진 국제사회에서 과거 냉전시기처럼 칼로 무 베는 것과 같은 관계는 형성될 수 없고, 상황에 맞게 전략을 세워야 하는 관계로 미중관계가 나아간다면 키신저가 이야기했던 신냉전이라는 개념은 일면 합리적이라고 생각합니다.

이미 양국의 상호의존성이 매우 높은 상황이기 때문에 미국은 앞으로 중국을 계속해서 압박하여 제압하는 것이 아닌 관리하는 방식으로 전략이 수정되어야 할 것입니다. 중국을 관리하는 전략을 세우기 위해서는 이전에 언급한 것처럼 지피지기 전략을 통해 중국을 관리하는 정책을 세워야 합니다. 제2차 세계대전 이후 모든 국가들이 따랐던 미국은 더 이상 존재하지 않습니다. 미국은 이제부터라도 중국을 관리하는 정책으로 노선을 변경해야 하며 중국의 영향력을 일정 수준 인정하는 선에서 타협할 수밖에 없을 것입니다. 동아시아

지역에서 중국의 국가 이익추구를 미국이 관리 가능한 수준선에서 인정하는 것이 필요하며 특히 한반도 문제에서 협력관계를 구축하는 것이 매우 중요합니다.

**황재호** 한반도에서의 협력관계 구축이란 무엇을 의미하시는지요?

**정세현** 미국은 하루 빨리 북한과의 수교관계를 맺어야 합니다. 북한은 이미 미국이 수교를 이루고 평화협정을 체결한다면 비핵화 하겠다는 입장을 발표했음에도 미국은 이를 신뢰하지 못하겠다며 선 비핵화를 요구하고 있습니다. 북핵 문제를 한국이 해결하고자 하는 방식으로 추진한다면 적어도 한반도 지역에서 누려왔던 미국의 헤게모니는 계속해서 유지될 것입니다. 한국이 원하는 방식은 북한과 미국이 합의했던 것과 마찬가지로 북미 수교와 더불어 정전협정을 평화협정으로 전환하는 방식입니다. 이러한 방식을 지원한다면 한국과 북한 모두 미국에 우호적인 국가로 남아 있을 수 있습니다.

만약 미국이 중국을 제압하고 관리하고자 한다면 동아시아 지역보다는 남중국해 문제에 더욱 집중할 필요가 있습니다. 중국의 일대일로 전략을 구체적으로 살펴보면 매우 무서운 전략입니다. 일대일로 전략은 육지로는 중앙아시아를 거쳐 유럽으로 진출하겠다는 21세기 실크로드 전략이며, 해상으로는 남중국해와 동중국해를 지나 수에즈 운하를 거쳐 지중해와 대서양으로 진출하겠다는 전략입니다. 미국의 입장에서는 중국의 일대일로 전략을 관리하고 견제하는 것이 더 현명한 정책이 될 것입니다.

## 미국은 장계취계(將計就計)가 필요하다

**황재호** 한국 정부가 한반도 문제 해결을 위해 미국을 설득하거나 강조해야 할 부분이 있다면 무엇일까요?

**정세현** 미국이 경청해 주었으면 하는 부분 또는 우리 정부쪽에서 한미협력 과정에서 적극적으로 설명해 주었으면 하는 문제는 바로 북한을 중국에게 빼앗기지 말아야 한다는 것입니다. 북한은 2021년 1월 노동당 당대회, 2월에는 당 중앙위원회 전원회의를 개최했습니다. 이 과정에서 북한의 인사개편을 살펴보면 주목할 점이 있습니다. 바로 정치국원 및 정치국 후보위원에서 대미통들이 다 사라졌다는 점입니다. 대신 리선권 외무상이 당 정치국 위원 자리에 올랐습니다. 이는 북한 입장에서 미국전문가들은 소용이 없다는 것을 의미합니다. 근 몇 년간의 북미관계에서 북한은 미국의 말 바꾸기에 질려 있고, 협상에 대한 기대가 낮은 상태입니다. 그렇기 때문에 대신 중국통인 리선권을 당 정치국 위원, 김성남을 당 정치국 후보위원으로 선출한 것입니다. 이는 앞으로 소위 북중관계의 발전을 통해 미국을 압박해 나가겠다는 전략으로 볼 수 있습니다.

그렇다면 미국이 북한과 중국을 어떻게 관리해야 할 것인가에 대해 생각해볼 필요가 있습니다. 삼국지에 나오는 장계취계(將計就計, 상대의 계책을 역이용한다)라는 용어가 있습니다. 이는 상대편의 계략을 미리 알아채고 나의 전략을 통해 역이용하는 계책을 의미합니다. 즉, 미국은 장계취계의 전략을 가지고 북한과 중국을 관리해야 합니다. 북한이 중국을 등에 업고 미국에 대항하려고 하는 현재 상황에서 미국은 한국의 제안을 받아들여 종전선언과 평화협정 문제를 협상하여 북한의 비핵화 수순의 단계로 나아가야 할 필요가 있습니다. 이미 중국은 종전선언에는 자신들이 빠질 수 있다는 입장을 밝혔습니다. 종전선언의 핵심은 미국인 북한을 군사적으로 공격하지 않겠다는 것이며 종전선언을 남북미 간 협의하는 것에는 중국도 큰 목소리를 내지 않고 있습니다. 다만 중국은 정전협정의 서명당사국이기 때문에 평화협정 과정에는 자신들도 참여해야 한다는 입장을 밝히고 있습니다. 이런 상황에서 미국은 하루빨리 북한과의 관계를 개선하여야 하며 평양에 미국대사관이 들어서는 순간 한반도에서 미국의 헤게모니는 크게 증가할 것입니다. 더구나 평양은 중국에서 제일 가까운 제 3국의 수도입니다. 미국대사관이 평양에 들어서면 동북3성의 군사상황에 미국의 손바닥 안에 들어갈 것입니다.

미국은 건국 초기부터 강국이었기 때문에 때려본 적만 있지 맞아본 적이 없습니다. 과거 프랑스와 영국 식민지 시절을 겪었다고는 하지만 일본이 한국을 착취했던 것과 같은 식민지 관계는 아니었습니다. 결과적으로 미국은 강대국으로서 침략의 역사를 경험해 본 민족 또는 국가가 아니기 때문에 저항의 힘에 대한 이해가 매우 부족합니다. 우리는 불행히도 외세의 침입에 오랫동안 시달려온 민족입니다. 과거 중국의 침략, 일본의 식민지 35년의 역사 등을 거치면서 발전한 우리 민족의 민족주의와 그러한 민족주의가 가지는 저항성은 매우 강합니다. 미국은 국내총생산(GDP) 총액 350-400억 달러의 경제규모를 가진 북한을 가볍게 생각하고 있습니다. 그렇기 때문에 미국은 경제압박과 군사 및 외교압박이 지속되면 북한이 굴복할 것이라는 믿음을 가지고 있습니다. 그러나 이는 착각입니다. 위와 같은 미국의 정책이 실패한 가장 유명한 사례가 바로 베트남 전쟁입니다. 베트남 역시도 중국, 프랑스, 일본 그리고 미국과 같은 외세의 침략을 경험했으며 이러한 국가가 가지고 있는 민족적 저항성은 상상하기 힘들 정도로 강합니다. 이에 대한 이해가 없었기 때문에 미국은 베트남 전쟁에서 패배하고 물러날 수밖에 없었던 것입니다.

## 한반도 평화 프로세스와 대북정책

**황재호** 다음으로 한반도 평화 프로세스와 대북정책 전망에 대해 말씀해주셨으면 합니다.

**정세현** 한반도 평화 프로세스는 방향성은 제대로 잡았다고 생각합니다. 다만 한반도 평화 프로세스의 핵심은 미국의 협조입니다. 한반도 평화 프로세스라는 전략이 갖춰져 있었기 때문에 4·27 판문점 선언과 9·19 평양공동선언이 이뤄질 수 있었습니다. 그리고 이러한 일련의 선언과 합의문을 본 미국이 상당히 놀랐습니다. 미국의 입장에서 한반도 평화 프로세스에 대한 남북의 공동선언은 미국을 소외시키고 자신들끼리 협상을 진행하는 과정으로 이해하고 불안감을 느꼈습니다. 그렇기 때문에 남북 간의 협상에 개입하기 위해 미국이 만든 것이 2018년 11월 20일 설립된 한미 워킹그룹입니다. 미국은 한미 워킹그룹을 통해 사사건건 개입했으며, 4·27선언과 9·19 평양공동선언 이행에 대한 속도를 늦추고 유예하는 입장을 내세웠습니다. 결과적으로 2018년까지 매우 빠른 속도로 이루어지던 한반도 평화 프로세스는 한미 워킹그룹을 통한 미국의 통제 때문에 더디게 진행되었고 남북관계와 북핵 문제 해결 과정이 모두 중단되어버렸습니다. 지금에서 돌아보면 저는 그 당시 한국 정부가 한미 워킹그룹을 통해 통제를 가하려했던 미국에게 강하게 불만을 표시했어야 한다고 생각합니다. 한국 정부만큼 북한을 잘 이해하고 있는 국가가 없으며, 미국의 영향력과 이익을 해치지 않는 선에서 해결을 주도할 테니 도와달라는 식으로 미국을 강하게 설득했어야 한다고 생각합니다.

**황재호** 아쉽지만 지금 무엇을 해야 할까요?

**정세현** '늦는 것이 안하는 것보다 낫다(Better late than never)'라는 속담이 있습니다. 비록 현 정부의 임기가 1년 정도밖에 남지 않았지만 남은 기간 동안 바이든 정부와의 협력을 통해 한국 외교의 자국 중심성을 강화할 필요가 있다고 생각합니다. 이에 대해 적절한 표현이 있는데, 민족화해협력범국민협의회의 황재옥 정책위원장이 프레시안에 기고한 칼럼을 보면 미국과의 관계에 있어서 한국 역시 과거와 달리 국가규모와 위상이 커졌기 때문에 미국과의 외교적 거리두기(diplomatic distancing)가 필요하다는 내용을 담고 있습니다. 현재 우리 사회에서 사회적 거리두기를 통해 코로나 사태를 잘 관리하고 있으며, 사회질서를 잘 유지하고 있는 상황에서 외교적으로도 한국 정부가 미국과의 일정 수준 거리를 두면서 자국 중심성을 확보한다면 한국 외교의 미래가 보다 밝지 않을까 생각합니다. 이렇듯 외교적 거리두기를 한다고 해서 미국이 한국을 쉽게 내칠 수는 없습니다. 왜냐하면 미국의 입장에서 한국은 동아시아정책에 있어서 핵심적인 국가이기 때문입니다.

## 한국이 직면한 다양한 현안들

**황재호** 현안과 관련하여 한미연합훈련, 전시작전통제권, 유엔군사령부 등에 대해 언급해주시면 감사드리겠습니다.

**정세현** 한국의 자국 중심성 또는 외교적 거리두기를 구현하기 위해서는 코로나 사태와 더불어 현재의 국제정세 상황에 맞게 2021년도 한미연합훈련을 실시하지 않겠다는 입장을 공식적으로 발표할 필요가 있다고 생각합니다. 올 초 북한의 당대회 총화보고를 통해 남북 간의 합의사항을 남쪽이 이행하는 만큼만 북한도 이행하겠다는 입장을 밝히면서 대표적으로 한미연합훈련을 중단하는 문제를 제기했었습니다. 한미연합훈련 중단의 내용은 이미 9·19 남북 군사 분야 합의서에도 포함된 내용입니다. 그럼에도 불구하고 한미는 훈련을 진행했었습니다. 올해는 한국 정부가 주도적으로 나서서 한미연합훈련 중지에 대한 공식적인 발표를 통해 남북관계 개선과 북미관계 개선을 주도적으로 이끌어나가는 모습을 보여줄 필요가 있다고 생각합니다.

전시작전통제권의 경우, 문재인 대통령이 2017년 취임하면서 임기 내에 전작권을 환수하겠다는 언급을 했었습니다. 2017년 당시 상황을 돌아보면 미국이 중국을 감시와 관리의 대상으로 바라봤으며, 중국에 대한 두려움을 느끼지는 않았습니다. 그러나 최근 3-4년 사이에 중국이 본격적으로 미국을 압박하면서 미국은 인태전략, 쿼드, 쿼드 플러스 등을 추진했습니다. 이러한 상황을 미국의 입장에서 볼 때, 주한미군에 대한 전작권을 포기하는 것이 매우 어려워졌습니다. 주한미군에 대한 작전통제권을 한국에 넘겨주면 중국을 압박하기 위해 주한미군을 활용하는 전략을 사용하는 데 어려움을 겪게 되기 때문입니다. 그렇기 때문에 미국은 한국 정부의 전작권 반환 요구를 다양한 이유로 미루고 있는 상황입니다. 그 중 한 예시로 완전운용능력(Full Operational

Capability)을 들어 한국군 장성이 한미연합사 사령관으로 임명된 이후에도 한미가 긴밀하게 협력할 수 있는 능력을 갖추고 있는지를 확인하는 것이 우선이라는 핑계를 들어가며 전작권 환수를 미루고 있는 상황입니다. 이럴 때 한국 정부가 취할 수 있는 가장 적절한 대응은 정부가 주도적으로 한미연합훈련을 중단하는 발표를 함으로써 북한에게 우리의 입장을 전달하는 것이 될 것입니다.

유엔군사령부 문제는 전시작전통제권 문제, 정전협정을 평화협정으로 전환하는 문제와도 연결되어 있습니다. 전작권을 찾아와도 유엔군사령부는 유지되어야 합니다. 정전협정이 평화협정으로 전환되면 이전까지 정전협정을 관리하던 유엔사령부는 법리상 해체되는 것이 맞습니다. 그러나 이것이 주한미군의 철수를 의미하는 것은 아닙니다. 유엔군사령부 문제는 주한민군 철수와는 관련이 없습니다.

## 한국 외교의 나아가야 할 방향

**황재호** 미중관계의 복잡성이 증가하고 있는 가운데 국제사회에서 한국에게 기대하는 역할이 더욱 커지고 있는 것 같습니다. 현 미중관계의 흐름에서 한국 외교는 어떻게 나아가야 할까요?

**정세현** 한국은 현재 세계 10위권의 경제대국이 되었고 군사적으로도 세계 6위권에 속해 있습니다. 그럼에도 불구하고 한국의 기본적인 외교철학 및 전략은 대미 의존성이 매우 높습니다. 특히 한국의 외교관료 및 인텔리를 비롯한 기득권 세력들은 반공산주의와 친미시대에 구축된 기득권을 놓치는 것을 원치 않기 때문에 중국과의 관계에서 경제적으로 조금 손해를 보더라도 미국의 편에 서야 한다고 주장합니다. 심지어 한국전쟁에 참전했던 이야기를 강조하며 미국의 은혜론까지도 언급합니다. 그러나 미국이 한국전쟁의 참여한 것은 당시 미국의 봉쇄정책의 일환이었고 이를 통해 동아시아 지역에서 미국의 헤게모니 확립을 위한 전초기지를 확보 차원에서 한국전쟁을 개입한 것입니다. 한국전쟁 당시 미국인들이 한국을 어떻게 바라보고 있었는지에 대해서는 1970년 미국영화 매쉬(Mash)에서 잘 나타나 있습니다. 그 영화에서 보면 한국인을 비위생적이고 무질서한 것으로 묘사하며 미국이 한국을 구원해준 것으로 그려내고 있습니다. 이를 시청한 미국인들은 아마 한국인들을 야만적으로 보았을 것입니다. 물론 미국이 한국전쟁에 개입하여 승리를 이끌어내고 한국의 발전에 도움이 된 것은 사실이며, 고마워해야 할 부분이라고 생각합니다. 그러나 앞으로도 계속해서 미국과의 동맹만을 강조하는 것은 옳지 못합니다. 세계 10위의 경제권, 세계 6위권의 군사력을 갖춘 한국은 앞으로 외교적으로 자국중심성을 갖출 필요가 있다고 생각합니다.

**황재호** 한국 외교가 나아가야 할 방향성과 역할에 대해 비유할 만한 것이 있을지 궁금합니다.

**정세현** 한국은 미국과 중국이라는 대국 사이에 끼어 곤란한 입장에 처해 있습니다. 흔히 고래 싸움에 새우 등이 터진다는 말이 있는 것처럼 미국과 중국 사이에서 어떤 입장을 세워야 하는가에 대해 과거 정부들에서는 미국과의 동맹을 강화하거나 또는 중국과의 협력관계를 지속해야 한다는 의견이 다르게 나타나기도 했습니다. 또한 한때는 한국도 중견국에 위상을 가지고 있는 국가로서 새우가 아닌 돌고래 수준은 된다는 비유를 들기도 했습니다. 그러나 돌고래의 입장이라는 것도 어찌보면 비참한 이야기입니다. 고래들 사이에서 기교를 부려가며 헤엄쳐 위기를 헤쳐 나가야 하기 때문입니다.

한국 외교에 대한 비유 중 저는 김대중 대통령께서 생전에 한국 외교에 대해 비유했던 말씀이 가장 인상 깊게 남아있습니다. 김대중 대통령께서는 한국 외교에 대해 앞으로 우리는 어차피 미국과 중국 사이에서 살아남아야 한다고 하시며, 시골에 있는 '도랑 속에 든 소'에 대한 비유를 하셨습니다. 도랑 속에 든 소는 현명하게도 천천히 앞으로 나아가며 양쪽 둑 사이에 있는 풀들을 뜯어먹으며 살을 찌운다고 하시며 우리도 미국과 중국이라는 둑 사이에서 적절하게 나아가야 한다고 말씀하셨습니다.

### 나는 '외강내유 통일부 탱크'

**황재호** 마지막으로 본인을 정의할 수 있는 키워드가 있으십니까?

**정세현** 제가 통일부 차관으로 발령을 받았을 때, 인사 프로필에 통일부 직원들이 저를 '통일부 탱크'라고 부른다는 내용이 있었습니다. 탱크라는 것은 무턱대고 밀어대는 모습을 가지고 있지만 다르게 보면 한번 밀어붙이는 일은 끝까지 쉬지 않고 완수한다는 의미로도 이해될 수 있습니다. 제가 통일부에 1977년에 들어간 이후 상부의 지시가 떨어지면 시간 내에 임무를 완수하기 위해 치밀하고 집중적으로 철저하게 밀어붙이는 경향이 있었습니다. 아마 그러한 모습을 보고 저를 통일부 탱크라고 부르지 않았나 싶습니다. 또한 1998년 베이징에서 열린 남북차관급회담에서 중국인들이 저를 보고 북한 사람이냐는 농담을 했었습니다. 아마 제 인상이 강해 보이고 딱딱할 것 같다는 느낌이 들었기 때문이라고 생각합니다. 그러나 알고 보면 사실 저는 외유내강이 아니라 외강내유의 부드러운 사람입니다.

제2장

# 21세기에는 21세기 한국 외교여야

**윤영관** 전 외교통상부 장관

**윤영관** 현재 서울대학교 정치외교학부 명예교수로 있다. 서울대학교 외교학과를 졸업하고 동대학원에서 국제정치학으로 석사학위를 취득한 뒤, 미국 존스 홉킨스 대학교 국제관계대학원에서 박사학위를 마쳤다. 이후 미국 캘리포니아 대학교 정치학과 교수직을 거쳐 1990년 서울대학교 외교학과의 교수로 부임하였다. 미국 존스홉킨스 대학교 객원교수, 미국 우드로 윌슨 센터 객원연구원, 국무총리 자문기구 정책평가위원, 미래전략연구원 원장, 대통령직인수위원회 외교통일 안보분과 간사위원 등을 역임한 뒤 2003년 외교통상부 장관으로 임명되었다. 저서로는 "외교의 시대"(2015) 등이 있다.

©문호남 기자

## 바이든 행정부의 국가안보전략

**황재호** 조 바이든 미국 대통령이 2021년 3월 3일 백악관을 통해 국가 외교·군사 전략의 청사진을 담은 '국가안보전략 중간지침'(Interim National Security Strategic Guidance)을 발표했습니다. 바이든 4년 신전략을 어떻게 예상하시는지요?

**윤영관** 바이든 정부의 국가안보전략 중간지침을 제대로 이해하기 위해서는 이전 트럼프 정부의 4년을 되돌아 볼 필요가 있습니다. 트럼프 정부의 4년 동안 미국 정부와 미국인들은 미국이 더 이상 국제사회의 리더가 아니며, 미국이 추구해온 가치였던 민주주의마저도 흔들리는 상황에서 권위주의 국가들이 국제사회에서 부상하는 것이 아닌가 하는 불안감에 빠져 있었습니다. 나아가 자유주의 국제질서의 종말을 우려하는 사람들도 많았습니다. 이렇듯 미국 국내에서뿐 아니라 국제사회에서도 이러한 우려를 표명하는 사람들이 늘어났습니다. 그러나 바이든 정부가 공식 출범 후 국가안보전략 중간지침을 통해 확실한 대외정책의 방향을 제시하면서 위와 같은 우려들을 표명하던 미국 국민들과 국제사회를 안심시켰다고 봅니다.

이러한 맥락에서 이번 중간지침은 바이든 대통령과 참모진, 그리고 측근 핵심 인사들이 지난 선거과정에서부터 주장해왔던 대외정책의 방향성과 관련된 내용들을 종합적으로 정리했다는 느낌을 받았습니다. 기본적으로 중간지침의 핵심내용은 앞으로 미국이 국제사회에서 리더십을 행사할 주체가 될 것인가에 대한 질문에서부터 시작합니다. 트럼프의 경우 고립주의 노선을 바탕으로 한 미국 우선주의를 내세우며 국제사회에서 미국이 리더십을 행사하지 않을 것임을 보여준 반면 이번 바이든 정부의 경우에는 미국이 국제사회에서 리더십을 행사해야 한다는 입장을 가지고 있습니다. 미국이 국제사회에서 리더십을 행사해야 하는 이유에 대해서는 의견이 분분하지만 만약 미국이 국제사회에서 리더십을 행사하지 않는다면 그 공백을 다른 세력이 파고들어 그들의 의사대로 리더십을 행사할 것이고, 이는 미국의 이익에 반하는 결과를 초래할 것이라는 것이 가장 큰 이유일 것입니다. 또한 만약 다른 세력 및 국가들까지도 국제사회에서 리더십을 행사하는 역할을 맡는 것을 꺼리게 된다면 국제사회에서는 거대한 리더십 공백이 발생할 것이고, 국제정치적 혼란이 발생할 가능성도 있습니다.

### 국가안보전략 중간지침의 키워드

**황재호** 이러한 우려와 문제점을 해결하기 위해 미국이 어떻게 리더십을 행사할까요? 이번 국가안보전략 중간지침에서 나타난 키워드는 무엇인가요?

**윤영관** 첫 번째 키워드로 민주주의를 제시했던 것은 전 세계 자유주의 질서의 핵심개념이자 그 동안 미국이 수호해왔던 민주주의의 가치를 계속해서 추진하겠다는 강한 의지를 나타낸 것입니다. 두 번째 키워드인 동맹의 경우, 과거와 달리 미국의 국력이 전 세계 민주주의의 발전을 홀로 주도할 만큼 강하지 않기 때문에 동맹국들과의 협력을 통해 민주주의 확산에 기여하고자 하는 방식으로 나아갈 것임을 보여주고 있습니다. 세 번째 키워드인 다자주의 역시도 미국의 국력이 과거와 같지 않음을 인정하고 앞으로의 국제사회 이슈들에 대응하기 위해 다른 국가들과 국제기구와의 연계를 바탕으로 미국의 영향력을 강화하는 방향을 설정했다고 이해할 수 있습니다. 마지막 네 번째 키워드인 중산층의 경우, 그동안 미국의 경제통상정책이 실질적으로 대기업들의 이익을 중심으로 진행되어왔기 때문에 앞으로는 중산층, 노동자 계층에게도 이익이 되는 경제정책을 추진할 것임을 알 수 있습니다. 종합적으로 이번 바이든 정부의 국가안보전략 중간지침은 나름대로 큰 틀에서 다양한 방향을 설정한 것으로 보이며, 정책적으로 이전 트럼프 정부와는 반대방향으로 나아가고 있음을 알 수 있습니다.

**황재호** 다만 바이든 정부의 국가안보전략이 성공하기 위해서는 넘어야 할 도전요인들도 많을 것 같습니다.

**윤영관** 네. 먼저 바이든 대통령을 비롯한 행정부 참모 및 관료들의 정치적인 리더십이 매우 중요합니다. 아시다시피 현재 미국사회는 매우 분열되어 있으며 이러한 사회 분열을 극복하고 통합시키기 위한 리더십을 마련하는 것이 관건입니다. 또한 통합을 이끌어내기 위해서는 미국 내 소외계층들을 적극적으로 포용하는 정책을 마련할 필요가 있습니다. 특히 러스트 벨트(rust belt) 및 경합 주(swing state) 지역의 저학력 백인 노동자들을 위한 정책을 통해 노동자들의 삶의 질을 제고해야 합니다. 사실 이번 미국 대통령 선거에서도 이들의 지지를 상당 부분 확보했기 때문에 바이든 대통령이 당선될 수 있었습니다. 또한 이들을 지원할 수 있는 세부정책들인 세제혜택, 의료지원, 사회보장, 환경, 인종 문제 등과 관련된 입법이 필수적이며 이러한 입법이 통과되기 위해서는 공화당과의 협력이 필요합니다. 물론 이는 매우 어려운 정치적 문제로 과연 바이든 정부가 앞으로 정치협력을 통한 국가 통합을 어떤 방식으로 가능하도록 만들 것인가를 주의 깊게 바라보아야 합니다. 특히 미국사회의 통합을 위해서는 바이든 대통령의 리더십이 성공적으로 발휘되어야 할 것이며 이러한 맥락에서 이번에 통과된 1조 9천억 달러 규모의 코로나 지원 패키지는 바이든 대통령에게는 정치적으로 큰 성과로 작용할 수 있습니다. 만약 이번 코로나 지원 패키지가 성공적인 결과를 가져오지 못한다면 2년 뒤의 중간선거에서 큰 타격을 받을 수도 있을 것입니다.

또 하나의 조건은 미국의 국력이 국가안보전략 중간지침에서 제시하는 전략들을 성공적으로 추진하는 데 뒷받침이 될 수 있는가에 대한 여부입니다. 국제사회 질서의 안정을 위해서는 리더십을 행사하는 국가가 공공재를 제공하는 동시에 일정 부분 국가적 손해를 감수해야 할 필요가 있습니다. 그러나 현재 미국이 이러한 부담을 감당할 만큼 강한 국력을 가지고 있는가에 대한 의구심이 남아있습니다. 일례로 유럽연합(EU)이 중국과의 투자협정을 체결하는 과정에서 바이든 정부는 거부감을 나타내며 협정 체결을 보류하는 방향에 대한 의견을 전달했지만 결과적으로 EU와 중국 간 투자협정이 체결되었습니다. 유럽 국가들의 입장에서는 미국이 바이 아메리칸(Buy American)을 내세워 국산품 애용정책을 추진하는 동시에 유럽 국가들에게 경제적 협력을 요구하는 것이 비합리적으로 보였을 수도 있으며 이러한 측면에서 미국이 이러한 문제를 어떻게 해결할 것인가가 관건이라고 할 수 있습니다.

## 바이든은 정원사 혹 조경사?

**황재호** 바이든 정부 출범 이후 민주주의, 동맹, 다자주의, 중산층에 대한 전략을 통해 미국 외교가 정상화될 가능성에 대해 말씀해 주셨습니다. 어떤 의미에서 바이든 정부의 외교정책에 대해 바이든과 트럼프의 이름을 합성하여 '바럼프'라고도 부를 수 있겠습니다. 즉, 겉모습은 바이든 정부이지만 트럼프 시기의 정책방향을 유지하는 것이 아니냐는 것입니다. 바이든 정부의 외교가 보다 구체화된 트럼프 외교가 될 가능성은 없을까요?

**윤영관** 중요한 질문입니다. 양적인 차이가 있을 뿐 질적으로는 트럼프 정부의 외교정책과 크게 다르지 않을 수 있다는 것인데, 단 저는 질적으로도 상당한 차이가 있을 것으로 생각합니다. 왜냐하면 바이든 대통령과 트럼프 대통령이 국제사회에서 미국의 역할을 바라보는 기본적 시각 자체가 다르기 때문입니다. 트럼프 대통령의 경우 국제사회에서 미국의 역할을 축소시키는 비개입 노선을 주장한 반면에 바이든 대통령은 직접적으로 국제사회에 대한 미국의 직접적인 개입을 주장하고 있습니다. 다만 바이든 정부 역시도 미국의 국력이 감소하고 있는 가운데 미국 국내 상황변화들과 맞물려 제약요인으로 작용할 가능성을 염두하고 있을 것이고, 신자유주의의 맥락에서 세계화를 강조하는 국제질서를 주도했던 과거의 미국으로 돌아가기는 힘들 것임을 인지하고 있을 것입니다. 그렇기 때문에 미국이 추구하는 방향과 자신들의 국력 사이의 딜레마는 향후에도 지속적으로 제약요인으로 작용할 것입니다.

**황재호** 얼마 전 타계한 조지 슐츠(George Shultz) 전 국무장관은 국제정치를 정원에 비교했습니다. 조경사는 국제질서의 근본적인 것을 바꾸는 것이며, 정원사는 국제질서를 조율하고 관리한다고 정의할 수 있습니다. 바이든 대통령은 어느 쪽에 해당할까요?

**윤영관** 시대적인 상황에 따라 조경사가 되느냐 정원사가 되느냐가 달라진다고 생각합니다. 어떤 의미에서 현재 국제정치상황은 국제질서의 근본적 성격이 변화하고 있는 시점이라고 할 수 있고, 이번 국가안보전략 중간지침에서는 이를 변곡점이라고 표현하며 우리가 현재 역사의 변곡점에 있다고 언급했습니다. 이러한 측면에서 바이든 대통령은 새롭게 방향을 제시하고 근본적인 질서를 변화시키고자 하는 조경사에 가깝다고 생각합니다. 물론 트럼프 대통령 역시도 과거 오바마 정부의 대외 및 외교정책 방향의 패러다임을 바꾸려고 했던 조경사의 모습을 보였다고 할 수 있습니다. 다만 바이든 대통령은 트럼프 정부의 5년의 방향성과 정반대의 방향으로 선회하여 국제질서의 근본적 성격을 바꾸기 위해 노력할 것으로 판단합니다.

## 한국 외교에게 필요한 유연성

**황재호** 트럼프와 바이든 모두 조경사의 측면이 강하다고 말씀해주셨습니다. 역사의 변곡점이라는 표현을 해주셨는데 중국 역시도 100년 이래에 대변혁이라는 표현을 사용하고 있습니다. 어쩌면 미국과 중국 모두 큰 변화의 시점에 와 있다는 것에는 모두 동의하고 있다는 생각이 듭니다. 한편, 장관님께서는 지난 한 언론 기고문에서 "1994년 마이클 페이(Michael Fay)라는 미국 청년이 위법 행위로 싱가포르 법정에서 태형을 선고받았다. 그때 미국 클린턴 행정부는 강한 항의와 압력을 행사했지만, 싱가포르 당국은 단호히 거부했다. 법원의 결정을 존중해야 하며 이것은 주권 문제라는 것이었다."라 하시며 싱가포르 외교의 원칙 중시를 매우 높게 평가하셨습니다. 저도 동의하며 동시에 싱가포르 정부는 페이에게 내렸던 태형을 6대에서 4대로 감하면서 유연하게 대응했던 것으로 기억합니다. 우리 한국 외교에게 부족한 것은 원칙일까요, 유연성일까요?

**윤영관** 당시 제가 싱가포르 외교의 원칙 중시에 대해 높은 평가를 했던 것에 대한 배경은 당시 기고문을 작성할 당시 미국과 중국 간 갈등이 심화되고 있는 상황과 관련이 있습니다. 즉, 한국이 미국과는 동맹관계를 유지하고 있는 동시에 중국과 경제적으로 긴밀하게 연결되어 있는 상황에 소국인 우리가 외교적으로 어떠한 방향으로 나아가야 하는가에 대한 예시로 싱가포르 외교에 대한 이야기가 나온 것입니다. 싱가포르는 소국이지만 그동안 미국과 중국 사이에서 나름대로 성공적인 외교정책을 시행해 온 국가입니다. 그 이유 중 하나는 싱가포르가 외교에서의 원칙을 설정한 상태에서 이러한 원칙들을 강대국들과의 관계에서 일종의 방패막이로 활용했기 때문입니다.

반면 한국의 경우, 역대 정부들이 외교적 원칙 중시에 대한 측면을 깊게 고민하지 못한 것이 아닌가 생각을 합니다. 저는 과거부터 이러한 원칙들을 한국 외교에 적용하는 것이 중요하다는 생각을 가지고 있었습니다. 특히 트럼프 정부와 달리 바이든 정부는 민주주의, 동맹을 강조하고 있습니다. 이러한 상황에서 민주주의를 국가이념으로 규정하고 있는 국가이자 미국의 동맹국인 한국의 입장에서 미국이 현재 내세우는 민주주의와 가치의 강조 및 확산에 대해 거부할 수는 없습니다. 그러므로 오히려 민주주의 또는 가치와 관련된 외교에서 나름대로 우리가 적극적인 협력을 시행할 의지가 있으며, 이것이 한국 외교의 원칙이라는 것을 강조할 필요가 있습니다. 한국은 미국과 동맹국이며 우리가 국제적으로 존중받는 보편적 가치를 지키기 위해 미국과의 협력을 지속할 것이라는 인식을 미국에게 심어줄 필요가 있다고 생각합니다.

또한 저는 민주주의 또는 가치라는 것이 그 자체로도 중요하지만 실용적인 차원에서도 중요성이 크다고 생각합니다. 즉, 한국은 민주주의 또는 가치를 추구하는 동맹국으로서 미국에 공조하고 있다는 인식을 심어주고 이를 통해 한국에게 가장 큰 외교 문제인 한반도 평화 방안에 대해 미국이 적극적으로 지원할 수 있도록 유도할 수 있다면 가장 좋을 것입니다. 이렇듯 민주주의 또는 가치의 추구는 목적뿐 아니라 수단의 측면에서도 매우 중요합니다. 미국이 강조하는 민주주의 또는 가치와 관련한 외교적 협력을 통해 한반도에 평화를 정착시키는 용미(用美)전략을 시행하는 것이 바로 유연성이 높은 외교라고 생각합니다.

**황재호** 미일 2+2 회담이 3월 15일에서 17일까지 일본에서 열릴 예정입니다. 이어 한국에서 한미 2+2 회담이 열릴 가능성도 제시되고 있습니다. 또한 미국은 한미일 협력을 강조하고 있으며 한국도 미국의 대북정책 지지 유도를 위해 최근 한일관계 개선에 나선 듯합니다. 이러한 흐름은 외교적 유연성에 해당된다고 할 수 있을까요?

**윤영관** 한국에게 있어 한일관계 문제는 매우 중요합니다. 1965년 이후 한일관계가 수립되고 난 이후 오랜 기간 한일관계에서 굴곡이 많았습니다. 그리고 수많은 굴곡 속에서도 한일관계에서 유지되어온 원칙이 있는데 그것은 바로 한일관계에서 역사 문제와 경제 및 안보 문제를 분리하여 접근하는 투 트랙(two track) 방식 유지였습니다. 그러나 최근 한일관계가 심화되면서 아베 총리가 먼저 이와 같은 문제를 경제적 제재와 연관시켜 양국 관계를 악화시켰습니다. 이러한 상황에서 한국 정부가 극도로 악화되어 있는 한일관계를 회복하기 위한 정책을 시도하는 것은 바람직하다고 봅니다. 왜냐하면 이는 한일관계에서 지켜져 온 원칙을 회복하는 것이기 때문입니다. 그리고 한일관계의 회복은 한미, 한중관계에 가져올 전략적인 함의도 상당히 크다고 생각합니다. 즉, 일본과의 관계를 강화함으로써 중국과의 관계에서 한국이 가지게 될 전략적 입지를 제고할 것이고, 미국과의 관계에 있어서도 한국의 외교적 입지와 영향력이 높아질 수 있습니다. 나아가 미중갈등이 심화되고 있는 현재 상황에서 단순히 한일관계뿐 아니라 다른 이웃국가들과의 관계에서 가져오게 될 전략적 함의도 고려해야 할 필요가 있습니다.

그리고 한미일 공조 문제, 북핵 문제, 전시작전통제권 전환 등의 문제가 한미 2+2회담에서 어떤 방향으로 논의될 것인가에 대한 질문에 대해 저는 위의 언급했던 세부적인 각론적 문제에 대해 치중하기 보다는 한미 간의 전략적인 협력 방향을 솔직하게 논의하는 자리가 되었으면 하는 바람을 가지고 있습니다. 바이든 대통령의 업무방식은 자신의 아래 참모들에게 권한을 위임하는 스타일이기 때문에 한미 2+2회담은 단순히 형식적인 회담이 아니라 무게감을 갖춘 영향력 있는 회담이 될 가능성이 있으며, 이 회담에서 논의된 사항들이 향후 바이든 대통령의 한미관계의 미래에 대한 시각에 영향을 끼칠 수 있다고 생각합니다. 결과적으로 저는 한미 2+2회담에서 각론들에 집중하기 보다는 이를 아우르는 전략적 방향에 대해 논의하기를 바라고 있으며, 특히 제가 이전에 말씀드린 민주주의, 가치, 지역협력, 글로벌 협력과 같은 이슈들에 대해 한미가 공조하고 협력분야를 강화하는 것을 논의하는 장이 되었으면 합니다. 추가적으로 한국의 입장에서는 미국이 한반도의 평화 구축이 한국에게 얼마나 큰 의미인지를 인식하고, 적극적으로 협력해 줄 것을 요청할 필요가 있다고 생각합니다. 우리가 미국의 이익을 위해 내어줄 것은 내어주고, 요청할 것은 요청하여 양국의 전략적 방향성이 수렴할 수 있도록 공감대를 형성할 수 있다면 한미 2+2회담은 성공적인 회담이 될 것입니다.

## 한미동맹과 한중관계의 딜레마

**황재호** 위에서 인용한 같은 기고문에서 장관님께서는 한국은 "미국에게는 한국의 지정학적 특수성을 고려해 한·미 동맹의 타깃을 중국으로까지 확대하지 말자는 것이다. 그런 지정학적 고민도, 북한 문제도 없는 일본·호주와 똑같은 동맹국 범주에 한국을 넣지 말고 차별화된 동맹 범주에 넣어달라는 것이다. 대신 중국에는 민주주의라는 국가 정체성에 따라 외교를 해나가는 것이 우리 외교의 '원칙'이라는 점을 분명히 할 필요가 있다. 그렇게 해서 미·중 경쟁의 맥락에서 최대한 한반도 문제를 분리해내야 한다."고 하셨습니다. 그런데 미국이 한국의 기대와는 달리 중국으로 타깃을 확대하거나 일본 호주와 같은 동맹국 범주에 포함시키거나 중국이 한국 외교의 원칙을 받아들이지 않거나 미중경쟁에서 한반도 문제를 분리하지 않으면 우리의 어떤 선택과 대응을 해야 할까요?

**윤영관** 중요한 이슈입니다. 말씀 잘 해주셨습니다. 저는 한미동맹 및 한미관계에는 민주주의와 가치를 강조하는 외교관계, 경제관계, 군사관계, 글로벌 협력관계 등의 차원이 있다고 생각합니다. 이러한 차원들이 혼합되어 있는 것이 한미동맹 및 한미관계의 특징이며 말씀해주신 기고문에서 제가 이야기했던 것은 한미동맹의 군사적 측면에 대해서 이야기했던 것입니다.

©문호남 기자

한미동맹의 군사적 측면에서 바라볼 때, 지금까지 한미동맹의 핵심 목표는 북한이었습니다. 그러나 미중 간 갈등이 심화되면서 미국은 한미동맹의 목표를 중국에까지 확장시키려는 모습을 보이는 등 한국의 입장에서 매우 곤란한 상황을 야기하고 있습니다. 만약 미국의 주도로 한반도 내에 중국을 직접적인 목표로 하는 무기체계, 가령 중거리 미사일을 도입하는 등의 직접적인 군사적 배치가 진행된다면 이는 중국의 입장에서는 매우 큰 위협이 될 것입니다. 또한 이에 대한 중국의 군사적 대응이 이어진다면 한반도에서 군사적 충돌할 가능성이 높아지게 될 것이며 한반도는 또 다시 안보적 위험에 빠질 것입니다.

**황재호** 역사를 돌아보면 한국이 엄청난 고난의 시기를 경험한 때는 한반도를 중심으로 해양국과 대륙국과의 충돌이 발생한 것과 맞물려 있습니다.

**윤영관** 네. 임진왜란, 청일전쟁, 러일전쟁, 1910년 식민지 합병, 1945년 해방 후 미소 군사대결을 통한 분단, 1950년 한국전쟁에 대한 중국의 개입에 이르기까지 한반도를 중심으로 한 해양국과 대륙국의 충돌은 한국을 황폐화시켰습니다. 만약 미중 사이의 군사갈등이 직접적으로 한반도 내에서 벌어진다면 우리는 새로운 고난의 길로 접어들게 될 것이고 그렇기 때문에 한미동맹의 군사적 측면에서 대해서는 전략적으로 매우 신중하게 접근해야만 합니다.

## 한반도를 바라보는 한미 시각차

**황재호** 한반도 문제를 바라보는 시각에 있어 한국과 미국의 차이를 어떻게 설명할 수 있을까요?

**윤영관** 한국과 미국이 한반도 문제를 바라보는 시각은 매우 상이합니다. 미국인들은 미국 역사의 배경으로 인해 역사를 바라보는 주기(time span)가 상대적으로 짧습니다. 그렇기 때문에 한국이 한반도 문제를 100년 이상의 과거부터 이해하고 접근하는 것과 달리 기껏해야 1950년 이후의 역사적 배경으로 접근하고 있습니다. 그렇기 때문에 미국은 한국이 한반도 문제에 대해 가지고 있는 딜레마를 확실하게 이해하지 못하고 있습니다. 이는 비단 한국에 대한 접근법의 문제라기보다는 전 세계의 국가들에서 발생하는 문제를 다뤄왔던 대국으로의 미국이 가진 특성이라고 할 수 있습니다. 미국은 이러한 문제와 딜레마에 대해 깊게 고민해 볼 여유도 가지고 있지 않았습니다. 그러므로 한반도 문제의 해결을 위해서는 미국에게 한반도의 지정학적 특수성을 인식시켜 주어야 합니다. 궁극적으로는 한국 및 한반도 문제의 특수성을 미국에게 인식시키고, 군사적인 차원에서는 우리의 요청을 수용할 것을 요구해야 하며 일본이나 호주 등에 요구하는 군사동맹과 관련된 협력을 동일하게 요구하는 것에는 무리가 있다는 점을 확실하게 전달해야 합니다.

이러한 이야기를 할 때면 혹자들은 제가 한미동맹에 물타기를 하고 있다고 비판하는 경우가 있습니다. 그런 비판을 받을 때 마다 제가 말씀드리고 싶은 것은 미국의 군사전략을 담당하는 군 내부, 특히 인도·태평양 전략을 구상했던 전문가들 사이에서도 관련 6개국의 특수성을 반영해야 한다는 인식을 가지고 있다는 것입니다. 2017년 미국 군사·안보 싱크탱크 랜드(RAND)연구소의 보고서에서도 중거리 미사일을 배치할 경우에 필리핀, 일본, 대만이 국내적으로 어떠한 반응을 보일지에 대해 면밀하게 검토하여 발생 가능한 국내저항에 대해 신중하게 고려해야 한다는 내용이 담겨 있습니다. 2020년 미 육군대학원 전략문제연구소(SSI)에서는 'An Army Transformed'라는 보고서를 통해 앞으로 어떠한 방식으로 인도·태평양 지역에서 군사적 전략의 틀을 설정해야 할 것을 다루었고, 이 보고서에도 각국의 국내적 상황을 반영해야 한다고 언급하고 있습니다. 몇몇 사람들은 한미동맹 또는 한미관계가 미일 또는 미호 간 군사관계와 동일한 비중으로 나아가야 한다고 주장하며, 만약 협력의 정도가 줄어들 시에는 한국 안보가 큰 타격을 받을 것이라고 합니다. 그러나 저는 이러한 의견에는 동의하지 않습니다.

추가적으로 저는 중국과의 관계에 있어서도 한국이 요구해야 할 부분에 대해서는 적극적으로 의사를 밝혀야 한다는 입장을 가지고 있습니다. 한미동맹과 한미관계의 차원에서 민주주의와 가치의 외교를 추구해야 한다는 점에 대해서는 중국에게 이해를 요구하는 동시에 이것이 중국을 목표로 하는 군사적 전략으로 확대되는 것에는 중국이 우려하지 않도록 최선을 다할 것이라는 입장을 밝혀야 합니다.

**황재호** 그렇다면 쿼드 플러스에 대해서는 어떤 생각을 가지고 계신가요?

**윤영관** 군사적인 측면과 관련한 전략 및 정책은 상당히 민감한 국가 문제입니다. 특히 그러한 군사적 대결구도가 한반도 지역에서 벌어진다면 그 민감성과 위험성은 더욱 증가할 것입니다. 저는 미국의 인도·태평양 전략과 관련하여 비군사적인 측면에서 협력할 요소들이 충분히 있다고 생각하며 문재인 대통령 역시도 인도·태평양전략에 대해 신 남방정책과 연계하여 조화롭게 대응할 수 있도록 하겠다는 방향성을 제시했기 때문에 인도·태평양 지역에 대한 한미협력 가능한 비군사분야에서의 협력을 강화하는 것이 중요하다고 생각합니다. 또한 제가 알기로는 쿼드 플러스에 대해 미국 내에서도 아직까지 구체적으로 확정적인 전략이 제시된 것이 아니기 때문에 이에 대해 우리가 당장 어떻게 할 것 인가에 대해 결정하기 보다는 관망할 필요가 있다고 봅니다.

**황재호** 이번 정부가 친중이라는 시각에 대해서는 어떻게 생각하시나요?

**윤영관** 미국 쪽에서는 그렇게 바라보는 시각이 상당한 것으로 보입니다. 그리고 이러한 시각이 확장되는 것에 대해 어느 정도 우려되는 것도 사실입니다. 미국의 한 보고서에 따르면 "한국이 중국 편으로 가까워지는 친중 성향을 막기 위해"라는 표현을 사용하기도 한 것으로 기억합니다.

## 미중 선도의 다극적 국제관계

**황재호** 향후 국제사회 및 국제관계는 미국 또는 중국의 단독 질주, 미중 선도의 다극체제, 또는 특정한 강대국이 존재하지 않는 무극 체제 중 어느 방향으로 나아갈 가능성이 높을까요?

**윤영관** 저는 향후 국제사회 질서가 미중 선도의 다극체제로 나아갈 것이라고 전망합니다. 우리가 흔히 생각하는 양극체제는 과거 냉전시대에 미소를 중심으로 한 대립상황을 떠올립니다. 그 당시 미국과 소련 사이에는 경제적 교류가 전혀 이루어지지 않았고, 양 진영의 교류도 거의 없었습니다. 그러나 현재 미국과 중국 사이의 경제적 상호의존성은 매우 높은 상황으로 과거 냉전시기와는 다른 양상을 보여주고 있습니다. 그리고 대표적인 미국의 동맹국 또는 협력국인 인도나 유럽 국가들을 살펴보면 이 또한 과거 냉전시기와는 다른 모습을 보입니다. 현재 인도 또는 유럽 국가들이 완전하게 미국의 편에 서 있다고 이야기하기는 힘듭니다. 이들은 미국과의 동맹과 협력관계를 중요하게 생각하여  중국과의 거리두기를 시행하고 있는 동시에 중국과의 경제관계를 포기할 수 없기 때문에 미중 양국과의 적절한 관계를 설정하고 있는 상태입니다. 유럽의 경우, 바이든 행정부가 출범한 이후 국제사회에서의 리더십을 강조하면서 나토(NATO)와의 관계, 유럽과의 관계회복을 이야기했지만 EU의 대표적인 리더인 독일, 프랑스는 이를 적극적으로 옹호하고 있지는 있습니다. 유일하게 영국만이 이에 대해 적극적인 반응을 보이고 있는데 이는 브렉시트(Brexit) 이후 미국과의 관계강화를 추구하기 위한 전략이 큰 것으로 보입니다. 그러므로 과거 냉전과 비교해서 살펴보면 앞으로의 국제사회는 미중 중심의 다극체제가 지속될 것으로 전망합니다. 다만 미중갈등이 심해지고 유럽 국가들 또는 인도 등이 미국의 편으로 돌아서고, 반대 진영에 중국과 러시아가 협력하는 상황이 지속된다면 양극체제를 통한 신냉전이 발생할 가능성도 배제할 수는 없습니다.

**황재호** 말씀하신 부분에서 경쟁과 협력의 측면이 있지만 신냉전이 시작되었다는 시각들이 많습니다. 아니면 미중 간 대타협은 가능할까요?

**윤영관** 이전 질문에 신냉전이 발생할 가능성도 배제할 수는 없다고 말씀드렸습니다. 다만 신냉전이 발생하기 위해서는 이념이라는 가장 큰 변수가 존재해야 합니다. 과거 냉전시대에 미소 간 냉전 대결 및 갈등의 가장 큰 원동력은 이념이었습니다. 이처럼 만약 미중 간 이념 대결이 심화된다면 대타협을 갈수록 어려워 질 것입니다.

미중 간 대타협이 이루어지기 위해서는 중국이 지금의 권위주의를 강화시키는 방향에서 반대 방향으로 선회해야만 한다는 전제조건이 필요합니다. 중국 전문가인 데이비드 샴보(David Shambaugh)에 따르면 2008년 이전까지 중국 내부에서는 경제발전을 지속하면서 정치적으로도 점진적으로 개방하는 방향으로 나아가야 중국이 성장할 수 있다는 연성 권위주의(Soft Authoritarianism)의 성격이 컸습니다. 그러나 내부적인 갈등 끝에 시진핑 시대 이후 중국은 연성 권위주의가 가져올 미래를 소련의 몰락에 대입하여 생각했으며, 결국 정치적 개방을 틀어막는 경성 권위주의(Hard Authoritarianism)의 방향으로 나아가고 있습니다. 앞으로 중국이 경성 권위주의의 방향으로 지속적으로 나아가고, 바이든 정부의 민주주의와 가치를 추구하는 정치가 성공하지 못한다면 미중 대타협은 어려울 것으로 생각합니다. 또한 미국 국내 통합이 순조롭게 진행되지 못하는 상황에서 분열과 혼란이 지속된다면 미국이 대외적으로 포용적이고 유화적인 정책을 추구하는 것은 더욱 힘들어 질 것입니다. 이와 반대로 만약 중국이 연성 권위주의로 회귀하고, 미국의 민주주의 가치와 포용성이 강화된다면 대타협이 가능할 수도 있을 것입니다.

## 한국 외교의 전성시대 열리나?

**황재호** 한국 외교를 돌고래나 새우라 많이 비유합니다. 다른 표현이 있을까요? 균형외교 이외에 비유할 표현이 있을까요?

**윤영관** 만약 한국 외교의 방향에 대해 동물로 비유해야 한다면 저는 질문에서 말씀하신 것처럼 돌고래라는 비유가 가장 적절하고 유용하다고 생각합니다. 특히 한국 외교가 매우 영민해야 한다는 측면에서 돌고래가 적절할 것 같습니다. 굉장히 복잡하게 전개되고 있는 국제정치의 판을 읽고 이에 효과적으로 대응하기 위한 제대로 대응하기 위한 영민함을 갖추는 것이 한국 외교에 가장 필요할 것입니다.

**황재호** 『2015년 외교의 시대 - 한반도의 길을 묻다』라는 책을 쓰셨습니다. 우리는 여전히 외교의 시대가 살고 있는 것인가요?

**윤영관** 저는 우리가 아직도 외교의 시대에 살고 있냐는 질문과 연계하여 한국 외교에 두 가지 함정이 있다고 생각합니다. 첫째, 한국은 근본적으로 외교를 하겠다는 의지가 없다는 것입니다. 아시다시피 한국이 당면하고 있는 가장 큰 외교이슈로는 한반도 평화 문제가 있습니다. 전 세계에 유일한 분단국인 한국에서 이를 실질적이고 적극적으로 해결하기 위한 의지 자체가 약했다는 생각을 가지고 있습니다. 둘째, 의지는 충분하다 하더라도 외교를 수행함에 있어 판을 잘못 읽거나 시행착오를 겪는 상황이 지속적으로 발생한다는 것입니다. 이러한 함정들을 피하는 것이 한국 외교의 상당히 중요하고 시급한 과제라고 생각합니다.

종합하면 한국 외교가 발전하기 위해서는 명확한 의지를 가지는 것이 최우선입니다. 한국 외교가 다루는 이슈들이 숙명적인 문제임을 받아들이고 이를 해결하기 위한 노력을 해야 합니다. 이후에는 국제정세를 파악하고 이에 효과적으로 대응하는 것이 중요하며 이를 위해 한국 외교는 돌고래처럼 영민하게 나아갈 필요가 있다고 생각합니다.

**황재호** 한반도 문제와 글로벌 협력에 대해 말씀하셨는데 이전 정부들도 한미간 글로벌 협력에 대해 이야기했지만 아직 실질적인 성과는 없습니다. 장관님이 얘기하시는 방향과 어떤 관련이 있을까요?

**윤영관** 지금까지 한국은 글로벌 협력과 관련한 많은 분야에서 영향력을 키워왔습니다. 특히 한국은 기후변화, 전염병, 국제개발협력 분야에서 상당한 영향력을 가지고 있는 국가로 발돋움 했습니다. 기후변화 분야에서 한국은 과거 녹색성장과 2050 탄소중립을 달성하기 위한 노력도 이끌어냈고, 아시다시피 전염병 분야에서도 코로나 방역과 관련한 제반 정책에서 성공적인 경험을 가지고 있습니다. 또한 한국은 국제개발협력 쪽에서도 상당한 노하우가 있습니다. 한국은 과거 세계 최빈국 중 하나에서 경제선진국으로 전환된 경험을 가지고 있으며, 이를 바탕으로 한국은 국제개발협력분야에서 과거 한국의 경험과 지식을 제3국가들에게 전수하는 경제발전경험공유사업(Knowledge Sharing Program) 등을 진행하고 있습니다. 추가적으로 IT 및 첨단사업 분야에서도 한국은 상당이 선도적인 역할을 하는 국가이기 때문에 이러한 역량을 바탕으로 미국이 추진하고 있는 글로벌 협력의 목표들을 달성하는데 기여할 수 있다고 생각합니다.

**황재호** 저서에서 '3축 외교' 즉, 미·일과 중국을 횡축, 러시아·아세안·인도를 종축, '글로벌 외교'를 또 한 축 삼아 한국 외교의 공간을 확장시키는 넓힌다는 구상을 제시하셨습니다. 특히 러시아·아세안·인도를 축으로 하는 종축외교는 현 정부의 신북방, 신남방정책과 연관되어 있다고 생각합니다. 이에 대해 의견을 제시하셨나요?

**윤영관** 제가 책에서 3축 외교에 대해 언급했던 것은 한국 외교가 지금까지 지나치게 중국·미국·일본·북한을 중심으로 한 횡축에 집중되어 있었고, 여기에 매몰된 측면이 있었기 때문입니다. 현재 한국은 국제사회에서 10위권의 지위를 가진 국가로 이를 바탕으로 외교의 장을 확장시켜야 할 필요성이 있습니다. 그러나 아직까지 한국 외교가 가지고 있는 확장성이 매우 미약했다고 생각합니다. 그렇기 때문에 이제는 횡축을 넘어서 종축, 글로벌 외교의 축을 언급했던 것입니다. 이것이 현 정부의 신 북방 및 신 남방정책에도 잘 반영되어 있는 것 같습니다. 다만 북핵 문제 등으로 인해 신 북방정책이 미진한 부분이 많은 것은 아쉬움이 남는 부분이고, 대신에 신 남방정책에 많은 집중을 하고 있는 것으로 보입니다. 특히 인도의 경우 중국 다음으로 경제적으로 가장 크게 발전할 국가로 많은 전문가들이 예측하고 있습니다. 앞으로 우리 역시도 인도와의 관계에 집중할 필요가 있다고 생각합니다.

**황재호** 아시아·태평양, 동북아 등 외교의 집중 분야가 달랐던 것 같습니다. 우리외교의 명칭들인 동북아 외교, 동아시아 외교, 글로벌 외교, 아시아·태평양 외교 등에서 우리는 어디에 포커스를 앞으로 두어야 할까요?

**윤영관** 이제 한국 외교의 집중 분야를 동북아에 한정시키는 것은 부족하다고 생각합니다. 동북아 지역은 당연하게 포함되어야 하는 부분이며, 앞으로는 동아시아 또는 아시아 외교라는 명칭으로 나아갈 필요가 있다고 생각합니다. 또한 이를 바탕으로 글로벌 외교를 지향하는 방식으로 발전하는 것이 바람직할 것입니다.

### 학문으로서 외교와 현장에서의 외교

**황재호** 외교 현장에서의 사령탑과 대학 상아탑에서 국제정치학을 가르치셨습니다. 장관으로 계셨을 때 현실과 이론 사이 가장 큰 갭은 무엇이고 또 일치하는 것은 무엇이셨습니까?

**윤영관** 제가 대학에서 국제정치경제론, 국제정치학개론을 가르치면서 제가 수업마다 빠지지 않고 주는 과제가 있습니다. 그 과제는 바로 매주 국제사회에서 발생하는 한 가지 이슈에 대한 뉴스를 선택하여 1페이지 이내로 정리하고 분석하는 것이었습니다. 이러한 과제를 내주는 의도는 학생들에게 이론과 현실이 분리되어 있는 것이 아니라 서로 연계되어 있다는 것을 훈련시키기 위한 것이었습니다. 제 수업방식과 내용이 순수하게 이론에 치우치거나 경험적 측면에만 집중하는 것이 아닌 현실을 분석하는 데 있어 이론적 틀을 제공하는 방식을 때문에 말씀하신 차이는 적었다고도 할 수 있습니다.

다만 제가 장관으로 재직할 당시에 붙들고 씨름했던 한 가지 문제가 있었는데 그것은 바로 동맹이냐 민족이냐에 대한 잘못된 이분법적 논리였습니다. 특히 언론과의 인터뷰를 할 때마다 제가 강조했던 부분은 동맹과 민족은 상충하는 개념이 아니기 때문에 두 개념을 이분법적으로 나누지 말아야 한다는 것이었습니다.

이렇듯 저는 지속적으로 민족의 미래를 위해 동맹을 활용하는 것이 중요하다고 주장해 왔습니다. 가령 남북관계를 위해 동맹을 저버린다는 식의 사고는 잘못되었다고 생각합니다. 우리 민족의 평화와 번영을 위해선 동맹의 협조가 필요하며, 궁극적인 목적을 달성하기 위해 동맹을 외교적으로 활용해야 하는 것이 중요한 부분입니다. 현재 한국의 국력은 매우 높아진 상황임에도 불구하고 아직까지 우리가 국제질서를 바라보는 시선에는 19세기 저항적 민족주의의 시각이 내재되어 있다는 생각을 하곤 합니다. 앞으로는 이보다 개방적이고 적극적인 시각을 가지고, 국제사회에서 발생하는 문제들에 대응해야 할 것입니다.

## 니는 '한반도 평화를 꿈꾸는 사람'

**황재호** 장관님을 한 단어로 표현하신다면 어떤 단어가 있을까요?

**윤영관** 저는 중고등학교 때부터 "왜 한국은 분단이 되었고, 그로 인해 위기를 겪고 힘든 삶을 살아가는가?"에 대해 지속적으로 고민해왔습니다. 이러한 문제를 어떻게 해야 극복할 수 있을까에 대한 고민 끝에 외교학과에 진학하게 되었고, 그 후 학생운동을 하면서 내가 고민해 오던 문제에 대해 깊게 파고들어야 하겠다는 마음으로 대학원 진학과 유학까지 가게 되었습니다. 그리고 현재의 제가 이 자리에 앉아 있습니다. 한반도 평화에 대한 문제는 아직도 해결되지 않았고, 아직까지도 저는 이 문제에 대한 깊은 고민과 생각들을 가지고 있습니다. 그렇기 때문에 제 삶을 관통하는 주제를 한반도 문제로 정의할 때, 저를 한 단어로 표현한다면 한반도의 평화가 이루어지는 꿈을 꾸는 사람으로 하고 싶습니다.

제3장

# 미·중 진영외교 넘어선 초월적 외교해야

**문정인** 세종연구소 이사장

**문정인** 현재 세종연구소 이사장과 연세대학교 명예교수로 있다. 연세대학교 철학과를 졸업한 뒤, 미국 메릴랜드대학교 대학원에서 정치학으로 석사와 박사 학위를 취득하였다. 1994년 연세대학교 정치외교학과 교수로 부임 이전 미국 켄터키 대학, 윌리엄스 대학, 듀크 대학 등에서 교수직을 거쳤다. 이후 대통령 자문 동북아시아시대위원회 위원장, 외교통상부 국제안보대사, 김대중 대통령 도서관장 등을 역임하였다. 2000년과 2007년에 있었던 1, 2차 남북정상회담에 특별수행원으로 참가한 유일한 학자이며 문재인 정부의 통일외교안보특보로 임명되었다. 저서로는 "문정인의 미래 시나리오"(2021) 등이 있다.

©김현민 기자

## 알래스카 회담, 미중 협력과 경쟁의 공존을 엿보다

**황재호** 미중 알래스카 외교회담에 대한 질문으로 인터뷰를 시작해야 할 듯합니다. 미중 알래스카 외교회담을 어떻게 보셨는지요?

**문정인** 제가 미중 알래스카 외교회담에 대해 걱정했던 부분은 토니 블링컨(Tony Blinken)이 중국을 제외하고 한국, 일본만 대상으로 회담을 진행하는 것이 아닌가 하는 것이었습니다. 다행히 중국과도 절묘한 중간지점인 알래스카에서 외교회담이 진행되었으며 중국 측에서는 왕이(王毅)와 양제츠(杨洁篪), 미국은 토니 블링컨과 제이크 설리번(Jake Sullivan)이 참석하면서 양국의 외교 실세들이 모인 2+2 회담이 되었다고 생각합니다. 회담 내용은 많은 전문가들의 예상대로 가치와 지정학적 문제에 대하여 양국은 정면으로 맞섰습니다. 토니 블링컨과 제이크 설리번의 경우 미국 국내 여론을 염두하고 강경한 발언을 한 것으로 보이며, 양제츠 역시도 중국의 국내 반응을 고려하여 발언의 강도를 높인 것으로 판단됩니다. 다만 비공식 회의에서는 북핵 문제, 기후변화 등 심도 있는 주제에 관한 논의가 있었다고 들었습니다. 결과적으로 이번 미중 알래스카 외교회담은 회담을 진행하고 논의의 장을 마련했다는 측면에서 긍정적으로 생각합니다.

**황재호** 주요 쟁점은 무엇이었나요?

**문정인** 이번 회담에서 미중 양국은 쟁점이 되는 부분을 가지고 있었던 것이 사실입니다. 이는 양국이 기본적으로 가지고 있는 기본원칙에 관한 것이었고, 이후 진행된 비공개회의에서 어떤 내용이 논의되었는가에 대해서는 구체적으로 밝혀지지는 않았습니다. 다만 블링컨과 양제츠 모두 회담의 성사에 무게를

두었기 때문에 이번 회담은 전체적으로 긍정적인 방향으로 여운을 남겼다고 생각합니다. 현재 바이든 행정부의 대중정책은 기후변화, 전염병, 대량살상무기 확산방지, 이란 및 북한 핵 문제와 같은 이슈에 대해서는 협력(cooperation)을 진행하고, 무역 및 기술 분야에서는 치열한 경쟁(competition)을 하며, 가치와 지정학적 문제에 대해서는 대결(confront)한다는 것입니다. 이번 알래스카 외교회담에서는 대결과 관련된 부분만 강조된 측면이 있는데 우리는 협력과 경쟁 부분을 고려해야 하며 양국간 대화의 장이 열려있기 때문에 미중관계를 절망적으로 바라볼 필요는 없다고 생각합니다.

**황재호** 그렇다면 미국 외교정책하에서 인태조정관 커트 캠벨(Kurt Campbell)과의 업무 분담과 더불어 제이크 설리번과 토니 블링컨은 합이 잘 맞는 것으로 보는 것이 좋을까요?

**문정인** 그렇습니다. 설리번과 블링컨은 오래전부터 같이 일을 해왔기 때문에 합은 잘 맞을 것으로 예상합니다. 커트 켐벨과의 업무 분담과 관련해서는 아직은 바이든 행정부 초기 단계이기 때문에 조금 더 지켜볼 필요가 있습니다. 아시아 지역의 경우 선임국장이 캠벨에게 보고하면 캠벨이 설리번과 논의를 하는 방식으로 이루어집니다. 그리고 블링컨이 총괄적으로 관리하는 방식으로 업무가 분담되어 있습니다. 앞으로 이들을 중심으로 어떻게 외교정책 업무가 진행되는지 살펴볼 필요가 있습니다.

**황재호** 회담 이후 중국 외교부에서 발표한 내용에 따르면 협력에 관한 내용들이 더 많았다는 것을 보면 저도 이사장님 말씀에 동의합니다. 그렇다면 미국이 일본과 한국은 방문했었는데 중국을 방문하지 않은 이유는 무엇일까요?

**문정인** 그 부분은 기본적으로 국가 간의 기 싸움입니다. 이미 미국이 중국을 방문하지 않을 것은 예측되었는데 중국이 자신들의 입장에서 불편할 수 있는 회담 장소인 알래스카까지 직접 방문한 것은 다행입니다.

**황재호** 네. 그러면서도 외교적 프로토콜을 많이 생략하면서 기싸움이 치열했습니다.

**문정인** 중국의 입장에서 알래스카는 정치적으로 불편한 지역임에 틀림이 없고, 그렇기 때문에 기 싸움 측면에서 외교적 프로토콜을 생략한 것으로 이해할 수 있습니다. 미국의 입장에서도 이전 트럼프 행정부의 강경한 대중정책과 달리 유화적인 모습을 보였을 때 발생할 국내정치적 부담이 상당히 크기 때문에 미국도 그러한 방식으로 접근할 수밖에 없었을 것입니다.

## 인물로 보는 미국 외교 특징

**황재호** 미국측 외교 쌍두마차를 통해 본 미국 외교의 키워드는 무엇일까요?

**문정인** 그 부분은 현재 미국 외교의 중심이 되는 설리번과 토니 블링컨의 성향 차이에 대해 살펴볼 필요가 있습니다. 설리번은 주로 미중 간 치열한 경쟁에 관한 이야기를 하는 반면, 블링컨은 가치에 관한 이야기를 많이 합니다. 어떻게 보면 설리번은 상당히 중도 실용주의적 시각이 강한 인물입니다. 설리번은 포린 어페어스(Foreign Affairs)에 캠벨과 함께 기고한 글에서 다음과 같은 주장을 하였습니다. 미국에는 대중국 접근을 바라보는 3가지 시각이 있습니다. 첫 번째는 트럼프 방식의 대중봉쇄정책이고, 두 번째는 헨리 키신저(Henry Kissinger) 방식의 대타협을 통한 양국지도체제이고, 마지막 세

번째는 제이크 설리번과 커트 캠벨이 주장하는 경쟁과 공존(competition and coexistence)입니다.

반면 블링컨은 가치를 강조하는 인물로 프랑스의 사상적 영향을 많이 받아 인권의 중요성을 강조합니다. 그렇기 때문에 워싱턴 내에서 블링컨을 진보적 이상주의자로 비판하는 시각도 있습니다. 헨리 키신저의 저서인 『외교(Diplomacy)』에서 미국의 외교정책이 어떻게 결정되는가를 살펴보면 민주당은 가치를 강조하고, 공화당은 국익을 강조한다고 서술되어 있습니다. 또한 가치를 강조하게 되면 항상 전쟁이 발발하였다고 서술되어 있습니다. 그렇기 때문에 외교정책은 국익이 우선이 되는 나아가야 한다고 강조했으며 이러한 측면을 볼 때, 설리번은 가치와 국익 중 국익에 집중하는 인물이며 블링컨은 가치와 국익 중 가치에 조금 더 집중하는 인물로 바라볼 수 있습니다.

**황재호** 이전에도 미국이 공세적인 발언 및 입장을 외교회담 초반부터 취한 적이 있나요?

**문정인** 그것은 상황에 따라 다릅니다. 미국이 원하는 부분이 공동성명에 포함되면 정부 인사들 또는 언론에서 공세적인 발언 및 입장이 나오지 않는 경우가 더 많습니다. 그러나 이번 알래스카 외교회담처럼 공동성명이 채택되지 않았을 시에는 언론을 통해 명시적으로 공세적인 발언을 통해 강경한 입장을 보여준 것입니다. 이처럼 기자들 앞에서 자신들이 원하는 바를 명시적으로 밝힘으로써 여론을 자신들 쪽으로 끌어오려는 전략으로 볼 수 있습니다. 우리가 볼 때 블링컨은 진보적 이상주의 성향이 강하기 때문에 이번 중국과의 회담, 한국과의 회담에서 이러한 면모가 발현된 것으로 보입니다. 일본과의 회담에서는 이러한 면모가 나타나지 않았는데 이는 일본과는 외교적 노선이 유사하기 때문입니다.

**황재호** 이번 미국의 외교팀이 아시아 국가들을 방문하기 위해 이동한 것을 미국 대외정책의 주축이 이제 유럽, 중동이 아닌 아시아로 이동했다고 이해해도 될까요?

**문정인** 기본적으로 오바마 행정부 당시 아시아 회귀정책을 펼쳤고, 그 골자는 아시아 지역에서의 재균형(Rebalancing)을 추진하였습니다. 오바마 행정부는 그동안 미국이 지나치게 중동지역에 집중하고 얽매여 있었기 때문에 아시아·태평양 지역에서 문제가 발생한 것으로 분석했습니다. 그러므로 아시아·태평양지역에서 중국의 부상에 대응하기 위해 재균형 전략을 채택했고, 아시아에 집중하는 정책을 펼친 것입니다. 현재 바이든 행정부의 외교적 방향성도 오바마 행정부 외교정책의 연장선상에서 이해하면 될 것입니다.

## 미국에 도전하는 첫 번째 비(非)서방 문명, 중국

**황재호** 미국 내부적으로 중국의 부상을 큰 위협으로 보는 데는 이전 독일, 소련 등 도전 국가들과는 달리 첫 비서방권이란 시각이 크게 자리한 듯합니다. 최근 미국 내 아시아인 공격에서 황화론과 문명 충돌의 개연성은 여전히 있다고 할까요?

**문정인** 그 가능성도 배제할 수는 없습니다. 19세기 말 청나라를 견제하기 위해 유럽에서 제기되었던 것이 황화론(Yellow Peril)입니다. 이후 1894년 청일전쟁에서 청나라가 일본에 의해 패배하고, 러일전쟁에서 러시아가 패배하면서 황화론이 사라지게 되었습니다. 그러나 1920년대 중반 이후 일본이 아시아 지역의 패권국으로 부상하게 되자 황화론이 다시 부활하였습니다. 일본은 메이지 유신을 통해 서구식 근대화 개혁을 이뤄내고, 산업화되면서 급격한 경제성장을 이룩하였습니다. 또한 당시 석유가 세계 경제 및 자원 부분에서 점유율이 높아졌습니다. 공업화가 가속화되면서 일본은 다량의 석유와 고무가 필요하게 되었고 이를 공급받기 위해 식민지 개척에 눈을 돌렸습니다. 그러나 이미 네덜란드, 프랑스, 영국 등이 식민지 개척을 통해 시장을 확보한 상황에서 식민지 문제와 관련하여 서구열강과 일본 간 갈등이 발생했습니다. 이 과정에서 서구열강들이 일본을 견제하기 위해 다시 황화론을 제시하게 된 것입니다. 그리고 이에 대응하여 나타난 것이 1930년대 후반 대동아공영권이라는 개념입니다. 대동아공영권의 핵심은 황인종들의 단결이었습니다. 백인 서구열강들이 식민지 팽창을 진행하는 상황에서 아시아 국가들이 단결해야 한다는 주장이 대동아공영권의 핵심이며 그 과정에서 일본이 지도국가의 역할을 하겠다는 것입니다.

**황재호** 냉전시대에는 소련 때리기, 180년대에는 일본 때리기, 9·11 사태 이후 이슬람 때리기, 현재는 중국 때리기로 넘어왔습니다.

**문정인** 이렇듯 과거부터 서구열강들은 도전 국가들에 대해 항상 견제를 해왔습니다. 사무엘 헌팅턴(Samuel Huntington)은 21세기는 이념의 대결이 아닌 문명과 문화 정체성의 충돌로 바라봤는데 이러한 측면에서 미국이나 유럽은 중국위협론을 강화시키면서 국내정치적인 수단으로 삼고 있습니다. 중국이 실제로 위협이 되는지 아닌지와 관계없이 중국은 국내정치적 담론에서 위협으로 인식될 수밖에 없습니다.

제가 2020년 2월 파리를 방문했을 당시 중국 우한에서 코로나가 발생했으며 많은 사람들이 저를 중국인이라고 손가락질하며 마치 바이러스처럼 취급했던 경험을 가지고 있습니다. 미국, 호주, 유럽 등지에서 아시아 사람들을 중국으로 통칭하며 중국을 적대시하며 악마화하고 있습니다. 저는 과연 미국이 이를 앞으로 어떻게 관리하고 감당할 수 있을까에 대한 우려를 가지고 있습니다. 이러한 적대심의 강화와 흐름은 앞으로 문명의 충돌로 이어질 수 있습니다. 한국과 일본 등에서 보편적 가치를 추구하려는 노력을 보이는 반면 인종변수가 개입된다면 앞으로 대처하는 방식이 어떻게 변화할지 알 수 없습니다. 이는 우리의 역사에서도 잘 나타나며 윤치호 선생의 사례가 대표적입니다. 윤치호 선생은 1880년대 미국으로 유학을 갔던 개화파였습니다. 윤치호 선생의 일기를 보면 재미있는 대목이 있습니다. 자신이 기독교 장학생으로 미국에서 공부할 당시 많은 미국인들이 기독교 앞에서 모든 인간이 보편적이고 차별이 없다고 주장하면서도 실제로 흑인, 중국인들을 인간 이하 취급하는 것을 목격했다고 말합니다. 이후 1930년대 후반 일본의 대동아공영권 개념이 등장하자 윤치호 선생은 일본 편을 들었습니다. 왜냐하면 윤치호 선생은 이를 인종 간 갈등으로 바라보았기 때문입니다. 윤치호 선생은 지금까지 친일파로 낙인찍혀 있지만 그의 경험적 배경을 살펴보면 당시 대동아공영권 개념은 황인종과 백인의 싸움이었고 인종적 측면에서 일본을 지지했던 것을 알 수 있습니다.

## 명민함이 필요한 한국 외교

**황재호** 최근 쓰신 책인 『문정인의 미래 시나리오』에서 우리외교가 제대로 작동하기 위해서는 스스로 명민한 스마트외교, 원칙에 기초한 결기외교, 국민적 합의외교, 공공외교란 외교적 역량을 갖추어야 한다고 말씀하셨습니다. 명민한 외교와 공공외교는 명민한 외교부가 있어야 가능하고, 결기는 국가 지도자에 달려있으나 5년마다 바뀌는 정권으로 제도적 한계가 있습니다. 그럼에도 지난 정부들 가운데 이에 근접하거나 가능성을 보여준 정부가 있을까요?

**문정인** 한국에서 지금까지 제가 이야기했던 5가지 외교적 역량을 모두 갖춘 지도자는 없었다고 봅니다. 다만 각각의 대통령들이 어느 정도 제가 이야기했던 외교적 역량의 특정 부분들은 가지고 있었다고 생각합니다.

먼저 명민한 스마트외교의 역량을 가지고 있었던 대통령으로는 노태우 대통령, 김대중 대통령, 이명박 대통령, 문재인 대통령을 꼽을 수 있습니다. 노태우 대통령은 냉전이 끝난 상황에서 북방외교를 통해 변화하는 국제환경에 맞춰 전향적인 외교정책을 펼쳤다고 생각합니다. 김대중 대통령 역시 햇볕정책을 통해 미국과 중국을 설득하여 북한과의 평화적 분위기를 조성하여 남북관계를 개선했습니다. 이명박 대통령은 글로벌 녹색성장(Global Green Growth)을 추진하였고 멕시코, 인도네시아, 한국, 터키, 오스트레일리아가 참여하는 국가협의체인 믹타(MIKTA)에 참여한 것을 볼 때, 명민한 스마트외교의 측면을 가지고 있었다고 볼 수 있습니다. 또한 현재 남북관계가 다시 차갑게 변하기는 했으나 문재인 대통령은 2018년 남북관계와 북미관계에 개입하여 반전의 외교, 명민한 스마트외교를 시행하였으며 이를 높게 평가할 수 있습니다.

다음으로 원칙에 기초한 결기외교의 역량을 보여준 대통령은 이승만 대통령, 노무현 대통령을 꼽을 수 있습니다. 이승만 대통령은 미국의 압박에도 휴전협정에 있어 과감한 태도를 보였습니다. 박정희 대통령은 1970년 주한미군 철수 이야기가 나왔을 때 자주국방을 강조하고 방위산업을 촉진시켜 국가 안보태세를 다져놓았습니다. 미국이 군대를 철수시킨다는 위협적인 모습을 보였던 것을 감안했을 때 박정희 대통령의 외교적 결단 역시 결기외교로 볼 수 있습니다. 노무현 대통령은 이라크 전쟁에 한국군을 파병하는 문제에 있어 미국이 1개 사단 규모의 전투 병력을 파병해주길 요청했을 때 결기외교의 역량을 발휘했었습니다.

국민적 합의외교의 경우에는 사실상 성공적으로 시행한 대통령을 찾기 어렵습니다. 과거 권위주의 정권에서는 국민적 합의를 바탕으로 한 외교를 펼치지 않았었고, 민주화 이후에는 노태우 정부의 북방외교 그리고 2001년 김대중 대통령의 남북정상회담이 국민적 합의가 이루어진 드문 경우라고 봅니다. 결과적으로 1989년 민주화 이후 가장 어려운 것이 국민적 합의외교입니다.

공공외교의 경우 새로운 개념이며 이명박 대통령 당시 처음 시작한 것으로 이후 박근혜 대통령과 문재인 대통령에 이르기까지 지속되고 있는 외교로 현재까지는 진행단계이기 때문에 성공 여부를 판단하기에는 어려움이 있습니다.

**황재호** 자신이 지향하는 가치를 일관성 있게 추구할 때 원칙 있는 지도자를 다시 생각하게 됩니다.

**문정인** 한국 외교에서 원칙을 지키는 문제의 핵심은 미국과의 갈등상황에서 결단력을 가지고 맞설 수 있는가의 여부입니다. 보수 진영에서는 이승만, 박정희 대통령이 이러한 원칙을 지켰던 대통령으로 평가할 수 있고, 진보 진영에서는 노무현 대통령을 원칙을 지켰던 대통령으로 평가할 수 있습니다. 김대중 대통령의 경우에는 영민하게 문제를 파악하여 애초에 이러한 주장을 할 상황을 만들지 않았습니다. 결과적으로 원칙이 있는 외교라는 것은 평화와 번영 그리고 국격을 지키는 차원에서 국가의 생존을 고민하고 노력하려는 신념을 가지고 있어야 합니다. 그리고 원칙을 가진 외교를 통해 국가이익을 추구하는 가장 좋은 방법은 양자관계보다도 다자주의 원칙을 강조하는 것입니다. 한국 외교도 앞으로 양자관계보다는 지역주의 협력을 통해 보다 열린 외교로 나아갈 필요가 있습니다.

### 한국 외교의 경쟁력

**황재호** 현 정부에서 외교부를 개혁하려는 노력을 많이 진행했습니다. 우리 외교부의 경쟁력과 개선점은 무엇일까요? 우리 외교는 역사적 관성을 깨는 상상력을 발휘할 수 있을까요?

**문정인** 저는 외교부에 들어와 일하고 있는 외교관 및 직원들 자체의 경쟁력 및 역량은 높은 수준이라고 생각합니다. 그러나 과거부터 외교부가 구축해 온 정책문화 또는 조직문화는 상당히 낙후되었다고 봅니다. 그중 가장 큰 문제는 외교부 자체가 지나치게 미국 중심의 강대국 외교에 초점을 맞추고 있다는 점입니다. 아직까지도 외교부는 이러한 외교적 계층구조(hierarchy)를 깨지 못하고 있습니다. 제가 외교부에 소속되어 있지는 않지만 경험을 통해 느꼈던 것은 외교부가 미국중심의 외교에 치중하다 보니 창의적인 외교를 시행할 역량을 키우지 못하고 있다는 것입니다. 즉, 상상력에 근거한 파격적인 외교가 부재하며 외교부는 미국과 각을 세워 대립하는 것을 두려워하고 있습니다. 또한 한국 외교의 문제는 외교정책을 만들고 집행하는 과정에서 청와대의 역할이 지나치게 크다는 것입니다. 청와대는 정책을 조정 및 조율하는 역할을 해야 합니다. 그러나 문재인 정부를 차치하더라도 현재까지 과거 모든 정부가 청와대가 외교정책을 만들고 집행하는 모습을 보였습니다. 정책은 외교부가 만들고 청와대는 이러한 정책이 대통령의 신념과 방향성에 맞는지 확인하고 이를 집행하는 과정에서 다른 부처와 협의를 이끌어내는 역할을 담당해야 합니다. 그런데 청와대가 외교정책의 전반적인 부분을 모두 담당하다 보니 문제가 발생하는 것 같습니다.

**황재호** 이번 정부에서 외교부 내 중국국(局)이 만들어진 것은 큰 특징입니다. 또한 신남방정책이 수립되었습니다. 이러한 방향성에 대해서는 어떻게 생각하시는지요?

**문정인** 과거에는 외교부에 동북아국이 설치되었고 동북아국에서 중국과 일본을 포함한 기타 지역을 포괄적으로 다뤘습니다. 그러나 현재 중국의 위상이 미국만큼 높아진 상황에서 중국만을 담당하는 '중국국'을 설치한 것은 당연하고 바람직한 것으로 생각합니다. 또한 문재인 대통령이 말씀하셨듯이 앞으로 한국의 생존과 번영을 담보하는 전략으로서 신남방, 신북방, 그리고 한반도 평화 프로세스를 위한 제도적 장치를 외교부 내에 마련하고 변화를 준 것을 올바른 선택이었다고 생각합니다.

## 한국 외교의 개선점

**황재호** 앞으로 외교부 기능이 어느 방향으로 강화되어야 할까요?

**문정인** 외교부의 기능이라고 하는 것은 항상 고정되어 있는 것이 아닙니다. 외교적, 안보적 환경이 변화하는 것에 따라 조직적 탄력성과 유연성을 키워야 합니다. 그러나 정부부처들은 각종 규정 및 제도에 의해 탄력적인 운영이 쉽지 않습니다. 이에 대한 제도적 혁신이 필요합니다.

**황재호** 이번 정부에서 외교부 내의 변화를 주기 위해 강경화 장관을 임명한 것은 성과가 있었다고 보시나요?

**문정인** 조직을 변화시키는 측면에서는 성과가 있었다고 봅니다. 한편에선 강경화 장관을 청와대의 들러리가 된 것이 아닌가라는 비판도 있었지만 개인적으로 강경화 장관은 자신의 역할을 충분히 수행했다고 생각하고 본인도 그렇게 느낄 것입니다. 물론 청와대 안보실장이 실질적인 사령탑 역할을 했던 것도 분명한 사실이긴 합니다. 그러나 이것은 미국도 마찬가지입니다. 미국 역시도 국가안보담당 보좌관을 중심으로 외교정책이 이루어집니다. 이러한 관계에서 정답은 없습니다. 외교정책을 추진하고 실행하는 과정에서 서로 협력하여 조정이 필요한 부분입니다.

**황재호** 앞서 믹타(MIKTA) 이야기를 하셨는데 국제사회에서 미들파워(middle power) 즉, 중견국들이 영향력을 발휘할 수 있을까요? 한국과 비슷한 처지의 중견국가 클럽 국가들과의 긴밀한 협력을 말씀하셨는데 현실적으로 가능할까요? 우리가 중국의 사드(THAAD) 압박을 받을 때 그 어느 국가도 거들지 못했습니다. 우리도 호주, 캐나다가 중국의 압박을 받을 때 마찬가지였습니다.

**문정인** 이는 중견국들의 국내정치적 변화와 지도자의 방향성과 관련이 있습니다. 호주의 경우 노동당 정부가 집권할 당시에는 중견국 외교가 비교적 성공적으로 이루어졌으나 보수당 정부가 집권할 시기에는 그 동력이 약화되는 모습을 보였습니다. 터키의 경우 에르도안(Erdogan) 대통령 자체가 반미주의 노선을 채택하면서 중견국 외교의 역량을 발휘하는 데 한계가 나타났습니다. 멕시코 역시도 국내정치적 불안정성이 증가하면서 그러한 역량 발휘가 힘들어졌습니다. 다만 그럼에도 불구하고 미국과 중국이 국제사회에서 초강대국인 상황에서 중견국들이 협력을 통해 미국과 중국 사이에서 영향력을 끼치는 것이 필요합니다.

그리고 사드 문제는 기본적으로 한중간의 문제입니다. 이에 대해 다른 중견국들이 개입할 근거가 부족합니다. 그러나 중견국 사이의 다자협력외교를 통한 구조가 공식화되고 공고화된다면 양자갈등 문제에 참여하여 중재적 역할을 담당할 여지는 충분히 있습니다. 단 그러한 다자협력체제를 구축하는 데 시간이 더 필요한 것으로 보입니다.

### 제2의 척화 vs 주화 논쟁

**황재호** 미중관계 속에서도 척화파와 주화파가 있을 것으로 생각합니다. 저서에서 쓰신 것처럼 병자호란 당시 뜨는 후금(後金)과 지는 명(明)을 두고 척화파와 주화파 간 조선 내부의 치열한 외교논쟁이 있었습니다. 또한 임진왜란에서도 동인과 서인 사이에서 논쟁이 발생했습니다. 현재 미중 대립 속 우리 외교의 모습과도 중첩됩니다. 현재 국내에서 미국과 중국 사이에서 이념적 노선이 어떻게 진행되고 있다고 생각하시나요? 또한 원칙외교를 강조하셨는데 우리 정치구조와 문화 특성상 유연성이 더 필요한 것은 아닐런지요?

**문정인** 기본적으로 사람들마다 사안을 바라보는 인식이 다르기 때문에 미중 사이에서 어느 노선을 따라야 하는가에 대해 의견이 나뉘는 것입니다. 미중 간의 노선 문제는 3가지 그룹으로 요약됩니다. 첫 번째 그룹은 가치와 정체성에 대해 언급하면서 중국을 큰 위협으로 상정하고 미국과 함께 나아가야 한다고 주장합니다. 간단히 말해 한미동맹을 중시하는 그룹입니다. 두 번째 그룹은 5,000년 중국 역사를 되돌아보고 과연 중국이 현재 어떠한 실질적인 위협을 주는가에 대해 고민하는 그룹입니다. 이 그룹은 남중국해 문제, 대만해협 문제 등에 대해 일방적인 판단을 내려 불필요하게 중국을 미리 적으로 돌리기보다는 가능성을 지켜보고 판단을 보류합니다. 마지막 세 번째 그룹은 병자호란과 삼전도의 굴욕을 겪었던 우리의 역사를 언급하며 부상하는 중국의 편으로 노선을 변경해야 한다는 주장을 합니다.

제가 이전 대외경제정책연구원(KIEP)에서 강연을 진행한 적이 있는데 많은 분들이 물어보시는 것이 바로 중국의 위협에 관한 것이었습니다. 저는 이에 대해 현재 중국이 실제적으로 우리에게 주는 위협이 무엇이 있는가를 제시해보라고 되물었습니다. 현재 중국은 한국에 대한 군사적 위협, 또는 북한에 무기 및 병참을 지원하는 것도 아니며 남중국해 문제 역시도 실질적으로 한국에게 주는 위협은 찾기 어렵습니다. 많은 사람들이 중국위협론에 대해 이야기하는데 저는 이러한 중국위협론의 실체를 파악하는 것이 우선시되어야 한다고 생각합니다. 얼마 전 BBC와의 인터뷰에서 한국은 중국에 대해서 강경한 정책을 취하고 있지 않는 것 같다는 말에 저는 "왜 우리가 중국에게 강경해야만 하는가? 우리는 중국을 위협으로 보지 않는다."고 답변했습니다. 저는 언론과 많은 사람들이 중국위협론을 과대포장하는 경향이 있다고 봅니다. 그렇기 때문에 중국위협론을 이야기하려면 실체를 파악하는 것이 먼저이고, 왜 우리가 중국에게 강경한 입장을 고수해야 하는지 논의해야 합니다.

**황재호** 오늘 대담중에 병자호란과 척화, 주화파 이야기를 하셨습니다. 상상해보면 이사장님께서는 병자호란 당시 주화파 아니면 척화파 중 어느 쪽이셨을까요?

**문정인** 당시 상황으로 보면 저는 최명길과 같은 사람으로 주화파에 해당한다고 할 수 있을 것입니다. 그리고 이것은 약 3년 전 한겨레 기사에서 저에 대해 평하면서 실제로 했던 비유입니다. 저를 최명길에 비유하며 문제점을 제기했던 기사가 있었습니다.

**황재호** 조선역사에서 가장 외교를 잘했던 왕으로 광해군을 꼽을 수 있을까요?

**문정인** 광해군의 경우, 주어진 환경을 파악하고 이에 대응하기 위해 상상력을 가지고 외교현실을 바라본 것이 특징입니다. 당시 조선의 앞날에 대해 미리 판단하고 상상력을 동원하여 현실감 있게 정책을 마련한 것은 높게 평가할 수 있습니다. 그러나 결국 인조반정을 통해 광해군의 노력은 물거품이 되었습니다. 이를 통해 알 수 있듯 지도자의 외교력이 빛을 발하기 위해서는 국민적 합의와 지지가 매우 중요합니다. 당시 광해군의 외교정책은 국민적 합의가 없는 정책이었고, 그렇기 때문에 결과적으로 실패하게 되었습니다. 외교는 내치의 연장으로 국내적 합의를 통해 국민이 공감하는 외교정책의 틀을 바로 세우지 않으면 그 정책은 사상누각에 불과하게 됩니다.

## 아태와 인태, 우리는 어디에 살고 있는가?

**황재호** 외교에서는 용어 선정이 매우 중요합니다. 러시아나 중국에서는 여전히 아시아·태평양이라는 표현을 하고 있는데 다른 지역에서는 인도·태평양이라는 용어를 사용합니다. 현재 한국은 아시아·태평양과 인도·태평양 중 어느 시대에 살고 있다고 봐야 하나요?

**문정인** 둘 다 적용됩니다. 신남방정책에는 인도가 포함되어 있기 때문에 인도·태평양적 개념이 포함되어 있는 것이고, 전통적 지역개념으로는 아시아·태평양적 개념이 중심이 되고 있습니다. 이 사이에서 너무 많은 정치적 의미를 부여할 필요는 없다고 생각합니다. 이는 언론이 만들어낸 것입니다.

**황재호** 언론이 만들어 낸 다른 것들은 무엇이 있을까요?

**문정인** 쿼드(QUAD)와 쿼드 플러스가 대표적입니다. 이번에 토니 블링컨이 이야기 했듯이 쿼드는 미국, 일본, 호주, 인도 간의 비공식적 협력체입니다. 쿼드는 2004년 12월 동남아와 인도양에서 발생한 쓰나미 사태 이후 재난구조와 관련한 협의체적 성격으로 시작되었습니다. 당시 일본과 인도 간 협의가 이루어졌고 호주와 미국이 참여하여 4자 협의체가 만들어졌습니다. 쓰나미 사태 이후 이 협의체가 전혀 영향력을 발휘하지 못하다가 중국의 부상과 함께 대중견제를 위해 새롭게 부각된 것이 쿼드입니다. 쿼드 또는 쿼드 플러스와 관련하여 공식적으로 미국이 한국에게 참여를 요구한 적은 한 번도 없었다고 단정적으로 이야기 할 수 있습니다.

다음으로 쿼드 정상회담에서 채택한 공동성명을 보면 '자유롭고 개방된, 안전하고 번영을 누리는 인도·태평양 지역(free, open, secure and prosperous Indo-pacific)'라는 표현을 사용했습니다. 구체적으로 살펴보면 백신개발, 기후변화, 신흥 핵심기술에 대한 협력내용을 담고 있습니다. 여기에는 실질적인 군사전략적 합의가 전혀 나타나지 않았습니다. 그럼에도 불구하고 한국 언론들은 한국이 쿼드 또는 쿼드 플러스에 가입하지 않는 것에 대해 우려를 표명하고 있습니다. 그러나 앞에서 말씀드린 것처럼 미국에서 공식적으로 한국정부에 쿼드 또는 쿼드 플러스에 가입하라는 요청은 전혀 없었습니다. 설사 한국이 쿼드 플러스에 가입한다고 하더라도 언론이 이야기하는 안보협의체의 성격을 가진 쿼드 플러스에서 일본이 중심국이 되는 상황을 한국 국민이 받아들일 것인가 생각해 볼 필요가 있습니다. 저는 쿼드 플러스에 대한 허구적 내용을 가지고 불필요한 논쟁을 만드는 것이 문제라고 생각합니다. 사실 쿼드 플러스라는 용어 자체도 미국정부가 공식적으로 사용하는 것이 아니라 싱크탱크에서 사용하는 용어입니다.

### 미중 신냉전의 가능성은?

**황재호** 최근 들어 보수진영의 논객들을 중심으로 신냉전이라는 표현이 많이 사용되고 있습니다. 이 개념이 실체가 있는 것인가요?

**문정인** 그 내용에 대해서는 제가 책에서 정리를 해두었습니다. 신냉전이라

©김현민 기자

는 개념은 말 그대로 냉전이 새롭게 발생한다는 개념입니다. 냉전은 이념적 대결입니다. 그렇다면 왜 현재 미중대결을 이념대결로 보는지를 살펴보아야 합니다. 2020년 10월 23일 닉슨 기념관에서 국무장관 마이크 폼페이오(Mike Pompeo)가 했던 연설을 보면 이 내용이 잘 나타나 있습니다. 당시 연설에서 마이크 폼페이오는 코로나 사태가 중국 공산당의 폐쇄적이고 투명성 없는 정책을 중심으로 주민들을 억압했기 때문에 발생했다고 말했습니다. 그리고 중국 공산당이 세계 패권으로 부상하는 것을 꿈꾸고 있으며 미국이 중국을 변화시키지 않으면 중국이 미국을 변화시킬 것이라고 덧붙였습니다. 이러한 내용을 바탕으로 보면 미국은 현재 냉전 시기와 마찬가지로 반공주의 프레임을 짜고 있는 것입니다. 이것이 신냉전을 야기할 수 있는 요소입니다.

저는 책에서 신냉전에 대해 4가지 측면을 다뤘습니다. 첫 번째는 지정학적 충돌, 두 번째는 지경학적 충돌, 세 번째는 기술적 충돌, 마지막 네 번째는 이념과 가치의 충돌입니다. 이러한 4가지 분야에서 충돌이 발생할 때, 신냉전이 실제로 발생할 가능성이 있습니다. 그리고 저는 여기에서 이념의 충돌이 가장 큰 변수라고 생각합니다. 사실 가치와 이념의 경계는 불분명하기 때문에 이념적 충돌이 강화된다면 신냉전의 가능성은 더욱 커질 것입니다. 저는 현재 상황을 차가운 평화(cold peace)와 신냉전의 경계선에 있다고 정의하고 있습니다. 그렇기 때문에 한국을 포함한 중견국들이 협력하여 영향력을 키워야만 미중을 중심으로 발생하는 신냉전을 막을 수 있을 것입니다.

**황재호** 결국 바이든 행정부 4년이 신냉전으로 돌입하는 과정이 될지 아닐지가 결정되는 중요한 시점이라고 볼 수 있을까요?

**문정인** 만약 미국이 가치를 내세워 중국에 대한 내정간섭을 하게 된다면 지정학적 대결구도가 가속화될 것이고 결과적으로 협력은 어려워질 것입니다. 그렇다면 경쟁 역시도 적대적 측면이 강화될 가능성이 높습니다. 이렇게 된다면 신냉전이 발생할 가능성은 더욱 높아집니다. 헨리 키신저와 같은 전문가는 이러한 문제를 이전부터 지적하며 미중 간 발생 가능한 적대적 경쟁 및 대결을 막아야 한다고 주장했습니다. 또한 우리가 신냉전이 발생하는 것을 피할 수 있고, 동시에 피해야만 한다고 말했습니다. 만약 신냉전이 발생하는 것을 피하지 못한다면 1914년 비극적인 제 1차 세계대전과 같은 재앙이 또 다시 발생할 수 있습니다.

**황재호** 신냉전에 대해 성급한 판단보다는 이에 대한 정확한 정의가 필요하고 이념, 가치, 다자주의 등을 고려해서 판단해야 할 것 같습니다. 그런데 최근 바이든이 최근 푸틴을 향해 킬러라고 이야기했고, 미중 알래스카 외교회담에서도 토니 블링컨이 강경한 모습을 보인 것을 보면 이것이 결국 바이든 행정부가 결국 트럼프와 같은 외교정책을 재현하는 것이 아닌가 우려도 있습니다.

**문정인** 토니 블링컨이 강경한 모습을 보인 것인 미국 국내여론을 의식한 것으로 이해해야 합니다. 현재 미국 국민의 90%가 중국을 적대적으로 간주하고 있는 상황이고 이것은 미국이 스스로 파놓은 함정입니다.

## 시효 지난 안미경중(安美經中) 프레임

**황재호** 안보는 미국, 경제는 중국이란 뜻의 안미경중(安美經中)은 이미 시효가 다 된 듯합니다. 현실을 감안해 우리 대외정책에서 중국의 비중을 좀 더 높여야 할까요?

**문정인** 제가 책에서 말했던 전략 중 현상유지 전략을 택하는 것이 중요합니다. 즉, 미국과의 동맹을 유지하는 동시에 중국과의 전략적 협력동반자 관계를 지속하는 것입니다. 중국은 한국이 중국을 적대시하지 않는다는 전제하에 한국이 미국과의 동맹을 유지하는 것을 인정하고 있습니다. 미국 역시도 아직까진 한국이 중국과 전략적 협력동반자 관계를 파기할 것을 요구하지는 못하는 상황입니다. 이와 관련하여 얼마 전 블링컨이 유럽에서 상당히 의미 있는 발언을 했습니다. 블링컨은 유럽이 미국과 중국 사이에서 한쪽을 선택하라고 강요하지 않겠다면서 말했으며, 각국들이 처한 복잡한 상황을 이해한다는 뉘앙스의 이야기를 했습니다. 이렇듯 미국 역시도 이에 대한 현실인식을 하고 있다고 봅니다. 결과적으로 한국은 미국과의 동맹, 중국과의 전략적 협력동반자 관계를 지속하는 현상유지 전략을 선택해야 하며 그 과정에서 이를 극복하기 위한 초월적 외교를 해야 합니다.

**황재호** 한국에서는 안미경중이라는 용어가 자주 사용되고 있고 일부 결미연중(結美聯中)이라는 표현도 많이 사용되고 있습니다. 그런데 중국에서는 연(聯)이 동맹을 의미하는 단어인데, 즉 중국과 동맹을 맺어야 한다는 것으로 이해되는 것입니다. 또한 결은 결속을 의미하며 동반자 관계를 의미합니다.

**문정인** 사실 안미경중이라는 용어는 잘못된 개념입니다. 한국은 미국과 안보적으로만 연결된 것이 아니라 경제적으로도 매우 깊게 연결되어 있습니다. 또한 중국과도 경제적 분야 외에도 동북아 안보질서와 같은 안보적 협력도 지속하는 관계입니다. 안미경중이라는 표현은 언론과 전문가들이 문제를 단순화하여 표현한 것입니다. 또한 결미연중이라는 표현 역시도 황준헌의 조선책략에서 표현된 친중, 결일, 연미의 개념을 따와서 만든 개념으로 사실 현재 상황과는 맞지 않는 개념입니다. 기본적으로 한국이 추구해야 할 최고의 가치이자 개념은 모든 국가들과의 평화와 공존입니다.

## 한국 외교의 현안들

**황재호** 한국정부는 홍콩, 위구르 문제에 대해서는 국익 우선주의 관점에서 침묵한 것에 반해, 최근 정부의 미얀마 단독 제재는 상당히 의외입니다. 유엔에서 대북인권 부메랑으로 돌아올 가능성은 없을까요?

**문정인** 홍콩, 위구르 문제와 미얀마 문제에는 차이가 있습니다. 미얀마의 경우 이미 민주화가 이행되어 있는 상태였고, 이를 군부가 나서서 퇴행시키려는 위기상황이 발생한 것입니다 그리고 그 과정에서 미얀마 사람들에 대한 가시적인 탄압이 이어지고 있는 상황입니다. 이에 대해 민주주의와 가치를 중요시하는 한국 정부의 수장인 대통령이 비판적 대응을 하는 것은 당연한 것입니다.

반면 홍콩, 티벳, 위구르, 북한 문제에 대해서는 우리가 쉽게 공식적인 입장을 밝히기 어려운 부분이 있습니다. 한국이 중국과 수교를 맺고 외교관계를 유지하고 있는 상황에서 중국의 하나의 중국원칙을 무시하고 직접적으로 그러한 문제들에 대해 비판적 성명을 낼 수는 없습니다. 그러나 인권탄압을 비롯한 관련 문제들이 심화되는 상황이 발생한다면 국제사회와 공조하여 한국 역시도 공식적인 대응을 할 수 있을 것입니다. 결과적으로 현재 상황에서 큰 변화가 발생하지 않는 이상 어떠한 공식적인 입장을 내기는 어렵습니다. 북한 문제에 관련해서도 한중관계, 남북관계가 경직되어 있는 현재 상황에서 굳이 먼저 나서서 이에 대해 공식적인 비판을 하는 것은 외교적으로도 도움이 되지 않습니다.

**황재호** 최근 북한 탄도미사일 발사 등 전반적으로 미국이 중국과 함께 북한을 압박하는 모습을 보이고 있습니다. 북한 역시도 군사도발 수위를 높이고 있는 상황에서 북한은 현재 어떠한 태도를 취하는 것이 북한에 유리할까요?

**문정인** 개인적으로 현 시점에서 장거리 미사일 또는 단거리 탄도 미사일 발사와 같은 군사적 도발은 하지 않는 것이 바람직했다고 생각합니다. 그러나 이미 북한이 발사를 한 상황이고, 이는 한미연합훈련 연습에 대한 대응으로 보입니다. 한국이 현무-4를 실험발사 한 것에 대응하여 북한이 KN-23 개량형을 발사한 것입니다. 물론 이에 대해 북한 군부 역시도 계획을 가지고 있을 것입니다. 북한이 유일지도체계인 것은 사실이나 내부적으로 여러 주장들이 대립하고 있을 것이고, 이번에는 군부 쪽 주장이 반영된 것으로 보입니다. 결과적으로는 북한의 선택은 인내가 부족했다고 평가할 수 있습니다.

### 나는 '진보적 현실주의자'

**황재호** 마지막으로 스스로를 정의할 수 있는 단어가 있을까요?

**문정인** 일각에서는 저를 두고 진보주의자라고 이야기하거나 또는 반미, 반일주의자이자 친북, 친중주의자라고 말합니다. 그러나 제가 국제정치를 바라보는 관점은 두 가지입니다. 그것은 바로 상식과 순리입니다. 상식이란 현 시대에서 모든 사람들이 생각할 때 합리적인 선택을 이야기하는 것이고, 순리란 역사적인 큰 흐름 속에서 어떤 선택이 적합한가를 살펴보는 것입니다. 그리고 상식과 순리를 위해서는 역지사지의 자세가 필요합니다. 역지사지의 자세로 입장을 바꿔 생각해보아야 조셉 나이(Joseph Nye) 교수가 이야기하는 맥락에 맞는 정보(contextual intelligence)를 가질 수 있고, 사실에 입각하여 진리를 탐구하는 실사구시를 유지할 수 있습니다. 이상주의적 가치를 가지고 현실을 재단하는 것이 아닌 현실에 맞는 해법을 찾는 태도가 필요합니다. 종합하면 저는 제 자신을 진보적 현실주의자라고 표현하고 싶습니다. 여기서 현실주의자는 한스 모겐소(Hans Morgenthau)의 현실주의가 아닌 실사구시 원칙에 충실한 현실주의적 입장을 의미합니다.

제4장

# 중국에 저자세, '밀면 밀리는' 외교해선 안 돼

**한승주** 전 외교장관

**한승주** 현재 고려대학교 정치외교학과 명예교수로 있다. 서울대 외교학과, 미국 뉴햄프셔대학교 대학원 정치학 석사, 미국 캘리포니아 대학교 버클리 캠퍼스 정치학 박사 과정을 졸업했다. 1993년부터 1994년까지 외무부 장관을 맡았으며, 통일원 남북대화사무국 자문위원, 국방부 정책자문위원, 유네스코 석좌교수, 캐나다 아시아태평양재단 이사, 유엔참모양성학교 UNSSC 자문이사회 위원, 아태안보협력이사회 CSCAP 공동의장, 영국 국제전략연구소(IISS) 이사, 동아시아비전그룹 EAVG 의장, 주미 대사, 코리아 글로벌 포럼 의장, 아산정책연구원 이사장 등을 역임했다. 저서로는 "한국에 외교가 있는가"(2021) 등이 있다.

©김현민 기자

## 몽둥이는 큰 것을 가지고 다니고, 말은 부드럽게하라

**황재호** 얼마 전 미중 알래스카 외교회담이 있었습니다. 언론에서는 양국 간의 치열한 논쟁이 있었다고 보도했는데 어떻게 생각하십니까?

**한승주** 저는 주미대사로 있던 당시 토니 블링컨, 양제츠(杨洁篪) 모두 자주 만났었습니다. 특히 양제츠의 경우 미국 대통령들이 중국을 방문했을 당시 통역을 담당했던 인물로 미국을 잘 알고 있을 뿐만 아니라 미국사람들의 비위를 건드리는 말을 잘 하지 않았습니다. 그러나 주미 중국대사로 부임하고, 시진핑 시대에 접어들면서 외교회담 자리에서 미국에 대한 뼈있는 말과 비판을 자주 하는 인물로 변화하였습니다. 이는 양제츠가 시진핑의 외교적 측근으로서 시진핑과 중국을 대표하는 실질적인 외교분야의 총리 역할을 하고 있기 때문이라고 생각합니다.

제가 만나 본 토니 블링컨의 경우, 그는 비교적 조용하고 학자적 측면이 강했던 합리적인 인물이었습니다. 그렇기 때문에 이번 알래스카 외교회담에서 토니 블링컨이 양제츠의 강경 발언에 대응하여 강한 발언을 했던 것이 제게는 예상 밖이었습니다. 저는 개인적으로 미국이 중국을 다루는 방식에 있어 중국과 동일하게 강경한 입장을 내세우는 것이 도움이 되지 않는다고 생각합니다. 옛말에 "몽둥이는 큰 것을 가지고 다니고, 말은 부드럽게 하라"는 표현이 있습니다. 즉, 말은 부드러울수록 좋다는 의미입니다. 양제츠의 경우 중국의 외교의 체제적 특징을 고려하면 강경한 입장을 내세우는 것이 예상 가능한 부분이었습니다. 다만 미국의 경우, 토니 블링컨을 내세워 이번 외교회담에서처럼 강경한 입장을 고수하는 것이 어떠한 정치적 의도를 가지고 있는지를 파악할 필요가 있습니다. 아마 이번 미국의 강경입장에 대한 배경에는 바이든 대통령이 강한 미국이라는 인식을 국내에 환기시키기 위한 수단으로 활용할 의도가 있었던 것으로 이해하고 있습니다. 이러한 점을 고려하면 앞으로도 바이든 대통령은 강한 미국을 강조하면서 더욱 강경한 모습을 보일 가능성도 있습니다.

**황재호** 이사장님께서는 최근 한 신문 인터뷰에서 바이든 대통령은 40년간 상원에서 외교위원장도 지냈고 북한 이슈를 다루어보았으며 그의 외교 참모들도 노련하기 때문에 문 대통령이 임기에 반드시 성과를 내야 한다는 강박관념이나 과잉 노력을 해서는 안 된다고 말씀하셨습니다. 그럼 남은 일 년 동안 우리의 대미 외교는 무엇을 어떻게 해야 하고 또 하지 말아야 최선일까요? 또는 이에 대한 바이든의 대응은 어떻게 될까요?

**한승주** 최근 미국은 북한과의 관계에 있어 북한이 강하게 나오면 미국이 이에 대응하고, 이것을 반복하는 '눈에는 눈' 전략을 취하고 있습니다. 예측하기 쉽지 않지만 앞으로 미국이 북한에 대해 지속적으로 강경한 입장을 내세우면서 대칭적인 전략을 취할 것으로 보지는 않습니다. 현재 북한은 코로나로 인해 의료시설, 인력, 자금 문제 등으로 고비를 맞고 있고 난관에 봉착해 있습니다. 또한 해외 제재도 계속되고 있습니다. 이러한 상황에서 바이든 대통령은 북한에 대해 과거 오바마 대통령의 전략적 인내와 트럼프 대통령의 최대한의 압박 사이에서 균형을 맞추는 전략을 택할 것으로 봅니다. 저는 북한이 미국을 움직이기 위해 도발 수준을 극단적으로 높일 것으로는 생각하지 않습니다. 오늘 아침 신문에서도 나왔지만 북한은 미국에 대응하기 위해 중국에게 협력을 통해 공동대응을 하자는 입장을 밝혔습니다. 이는 북한이 최근 몇 년간 한국을 활용하여 미국에 대응하고자 하는 전략을 변경한 것으로 볼 수 있습니다. 그렇기 때문에 한국과의 관계에 있어서도 거리두기를 하고 있는 것으로 생각합니다.

앞으로 북한이 미국에게 자신들의 건재함을 보여주고 대응하기 위해 작은 군사적 행동을 취할 수는 있겠지만 도발수준을 높여서 미국에 도전하려는 모습을 보여주지는 않을 것입니다. 물론 동시에 북한은 자신들에게 가해진 제재를 완화시키는 방법을 찾기 위해 노력할 것이고 그 과정에서 한국을 활용할 가능성도 배제할 수는 없습니다.

**황재호** 바이든 대통령은 외교분야의 전문가입니다. 많은 사람들이 바이든 행정부의 외교정책은 바텀업(Bottom-up) 방식으로 진행될 것으로 예상합니다. 예상하기 쉽지 않지만 바이든의 임기를 재선이 아닌 4년으로 볼 때 그 과정에서 바이든이 외교분야에서의 업적을 달성하기 위해 북한과의 관계에서 탑다운(Top-down) 방식을 취할 가능성은 있을까요?

**한승주** 바이든 대통령이 탑다운 방식으로 외교를 진행한다 하더라도 트럼프 대통령처럼 빅딜을 만들어 낼 가능성은 낮은 가운데 바이든 외교의 성격 및 내용이 달라질 수는 있을 것입니다. 트럼프 정부는 비핵화를 정의하는 데 있어 북한과 다른 방식으로 접근했습니다. 북한의 비핵화 방향에 대해 미국은 정확하게 파악하지 못했고 파악했더라도 미국이 원하는 방식과는 거리가 있었을 것입니다. 그러나 현재 바이든 정부의 외교 전문가들은 북한의 의도를 보다 정확하게 파악하고 있을 것입니다. 바이든 대통령의 임기 동안 어느 정도의 성과는 나타날 수 있겠지만 실질적인 빅딜은 어려울 것으로 생각합니다.

그리고 혹시라도 바이든 대통령이 재선을 할 수 없는 상황이 발생한다면 그것이 미국의 외교 또는 한미관계에 영향을 끼치는 것은 당연하겠지만 치명적이지는 않을 것입니다. 1945년 루즈벨트 대통령이 사망했을 당시에도 이후의 북대서양조약기구(NATO) 설립, 트루먼 독트린(Truman Doctrine) 등의 중요한 결정들은 모두 부통령 및 하위 관료들의 역할이 컸습니다. 현 미국 부통령인 카멀라 해리스(Kamala Harris)가 어떤 외교를 시행할지는 정확하게 알기 힘들지만 이미 전문적인 외교 인사들이 갖춰진 상황에서 준비를 잘 할 것으로 생각합니다.

### 사드와 중국정책

**황재호** 중국이 한국을 압박할 때 우리는 싱가포르나 호주를 많이 참고해야 한다고 말씀하셨습니다. 그러나 싱가포르는 우리보다 지리적으로 중국과의 거리가 있고, 북한 문제와 같은 직접적인 문제가 개입되지 않기 때문에 취할 수 있는 전략이 아닌가 생각합니다. 우리의 중국에 대한 대응은 이러한 상황을 어떻게 받아들여야 할지 궁금합니다.

**한승주** 시기적으로 역산을 해보면 처음 사드(THHAD) 문제가 나왔을 때, 당시 한국 정부는 사드 배치에 대한 미국의 요청 및 요구는 없었다고 이야기했으나 이는 사실이 아니었습니다. 이후 결국 사드가 배치되었고, 이로 인해 한국에 대한 중국의 압력은 점점 심해졌습니다. 아직까지 사드 문제와 이에 대한 대응에 대해 평가를 내리기 어려운 상황이기는 하지만 저는 중국의 강경한 발언과 제재에 대해 한국이 다른 방식으로 대응할 수 있었다고 봅니다.

대중국외교에 있어 중국이 강경한 입장을 내세워 한국을 위협한다고 해서 상명하복의 방식으로 외교를 진행하는 것은 바람직하지 않습니다. 지금까지 중국은 모든 외교에 있어서 상대방에게 교훈을 주는 외교적 전략을 택해왔습니다. 그런데 생각해보면 보통 교훈을 얻어야 하는 쪽은 중국이 아닌 상대적으로 약한 한국 또는 상대국이며 여기에서 "왜 한쪽만 교훈을 얻어야 하는가?"하는 의문점이 생깁니다. 저는 이러한 의문에 대해 깊게 고민할 필요가 있다고 생각합니다. 싱가포르나 호주처럼 중국의 교훈외교 및 압박에 대해 맞받아치는 것은 어렵겠으나 중국에 대해 완전히 저자세 외교를 택하는 것은 문제가 있습니다. 예를 들어, 한미일 군사동맹에 대해 중국이 반대한다고 해서 우리가 미리 겁을 먹고 군사동맹은 하지 않을 것이라는 약속을 하는 것은 옳지 않습니다. 자존심을 위해서라기보다 우리도 명확한 입장과 신념이 있다는 것을 보여주는 것이 외교에서 중요한 것입니다. 양보를 하더라도 위신 있는 모습을 가지고 양보하는 것이 외교적으로 중요합니다. 중국이 한국에 대해 압박을 가할 수 있는 부분이 많은 것은 사실이지만 역으로 한국의 입장에서도 중국을 압박할 수단이 없는 것은 아닙니다.

### 쿼드와 쿼드 플러스

**황재호** 최근 들어 한국이 쿼드(QUAD) 또는 쿼드 플러스(QUAD Plus)에 참여해야 할지 이슈가 가장 뜨겁습니다. 이에 대해 어떤 입장을 가지고 계신가요?

**한승주** 쿼드 또는 쿼드 플러스는 간단한 문제입니다. 현재 미국은 쿼드 또는 쿼드 플러스에 대해 마치 대중 군사동맹을 창설하는 것처럼 과장하여 공표하고 있습니다. 중국이 가장 우려하는 것은 아시아 지역에서 나토와 같은 안보 기구가 만들어지는 것입니다. 제가 과거 독일의 관료들과 독일 통일과 관련된 논의를 나눈 적이 있었는데 당시 제가 그들에게 중국이 독일 통일과 관련해서 어떤 문제에 관심을 가지고 있었는지에 대해 물었을 때, 독일 통일 이후 NATO를 어떻게 관리했는가에 대한 것이었다고 답했습니다.

미국 정부가 공식적으로 발표하지는 않았지만 쿼드 또는 쿼드 플러스가 필요한 가장 큰 이유는 중국을 견제하는 것일 것입니다. 그런데 이 문제에 대해 중국이 실수하고 있는 부분이 있습니다. 그것은 바로 중국이 인도를 군사적으로 압박하면서 인도를 미국에 편에 서도록 만들고 있다는 것입니다. 인도는 초기에 쿼드 참여에 대해 미온적인 반응을 보이던 국가입니다. 그러나 최근 들어 미국과 공동 군사훈련을 진행하는 등 이에 대해 적극적인 모습을 보이고 있습니다. 한반도 통일 문제와 관련해서도 쿼드 또는 쿼드 플러스가 미국을 중심으로 한 다자동맹의 형식으로 영향력을 발휘하는 것은 중국의 입장에서 매우 우려되는 상황일 것입니다.

**황재호** 만약 한국이 쿼드 또는 쿼드 플러스에 참여한다면 어떠한 형태가 되는 것이 바람직할까요?

**한승주** 혹시라도 한국이 쿼드 또는 쿼드 플러스에 참여하거나 또는 준회원국 형식으로 참여하게 된다면 유럽안보협력기구(OSCE) 모델을 지향점으로 삼을 필요가 있습니다. OSCE는 소련이 붕괴되기 전까지 동서 간 화해를 위한 헬싱키 협정(Helsinki Conference)를 주도했던 기구입니다. OSCE의 설립목적은 유럽 안보 분야에서의 협력이었습니다. 그런데 안보 분야라는 것은 꼭 경성 안보

(hard security)만 있는 것이 아닙니다. 기후변화, 인권 등 연성 안보(soft security)도 안보에서 매우 중요한 부분입니다. 한국이 쿼드 또는 쿼드 플러스에 참여한다면 일본, 호주, 인도와 같이 군사훈련, 군사정보 공유 등과 관련한 분야가 아닌 연성 안보 분야에서의 협력 정도에서 제한하는 것이 바람직 할 것입니다.

### 3무 1유의 한국 외교

**황재호** 이사장님께서는 2021년 1월 말 『한국에 외교가 있는가』란 저서에서 "현 한국 외교는 인재도, 절차도, 정책도 없고 코드만 있는 3무 1유 외교"라고 비판하셨는데 학계, 외교가, 사회적으로 큰 이슈가 되었습니다. 대통령이 외교 고위 관료와 주재 대사 임명에 있어서 전문성보다 코드인사를 해 외교에 큰 문제를 야기한다고 말씀하셨습니다. 하지만 외교는 국가 최고지도자의 성향이나 통치철학에 영향을 받기 때문에 코드인사는 불가피하며 가장 큰 문제는 전문성 부족이지 코드인사는 아니라는 목소리도 있습니다. 이에 대해 어떻게 생각하시는지요?

**한승주** 대통령에 당선되고 나면 본인이 생각하고 있던 방향이나 정책내용을 구현시키기 위해 노력하는 것은 당연한 것이고 대통령은 그러한 권리를 가지고 있다고 생각합니다. 그러나 자신이 생각하는 방향 또는 정책내용을 구현시키기 위해서는 집권 전과 집권 후의 상황을 세밀하게 고려할 필요가 있습니다. 왜냐하면 집권 전과 집권 후 국제·국내 상황에 대한 정보와 인식이 변화할 수 있기 때문입니다. 그렇기 때문에 대통령 당선 전까지 공약한 내용을 냉철한 상황판단 없이 무조건적으로 이행해야 한다는 생각을 가지는 것은 무책임하다고 봅니다. 당선 전 국민들의 의견을 반영하여 내세웠던 공약을 이행한다는 측면에서는 바람직하다고 볼 수 있지만 이것이 반드시 국가에 도움이 된다고 볼 수는 없습니다.

지금까지 한국의 외교에 대해 논할 때, 그것이 당시 정책을 추진하던 지도자인 대통령의 생각과 신념을 의미하는 것인지, 집권당의 정강에 기초한 내용을 의미하는 것인지, 또는 철저하게 국가의 이익을 의미하는 것인지 확실치 않은 것이 사실입니다. 제가 생각하기에 한국 외교에서 가장 중요하고 필수적인 부분은 국가의 이익을 우선적으로 고려해야 한다는 것입니다. 대통령과 행정부가 외교의 전반적인 방향과 목표를 자신들이 추구하고 준비해온 정책 방향과 일관성 있게 설정하는 것이 필요하지만 상황에 따라 국가의 이익을 생각하며 유연성을 발휘하는 것이 필요합니다.

## 3유 1무의 한국 외교?

**황재호** 3무1유 외교에 대해 말씀하셨는데 혹시 3유 1무 외교로 평가할 수 있는 정부가 한국에 있었나요? 또는 어떤 정부가 3유 1무 외교에 가장 근접했을 것이라고 생각하십니까? 3유를 찾기 힘드시면 2유 또는 1유도 괜찮습니다.

**한승주** 3유 1무 외교라는 개념은 제가 처음부터 생각했던 개념은 아니며 이전에 다른 언론과의 인터뷰 과정에서 등장한 내용입니다. 먼저 3무 1유 외교라는 개념은 2018년 토니 블링컨이 트럼프 행정부의 외교를 비판하면서 나온 것으로 트럼프 행정부에 인재가 없고(No people), 과정이 없고(No procedure), 정책이 없다(No policy)는 것이 골자였습니다. 트럼프라는 사람은 과거 정치적 경험보다는 사업을 이끌었던 사업가 출신입니다. 그렇기 때문에 트럼프는 대통령이 당선된 후에는 특정한 정치 이념이나 정책관 또는 방향성이 부재했고, 트럼프 주위의 관료 및 인사들도 직관과 충동에 의해 정책을 결정하는 측면이 강했다고 봅니다. 트럼프 행정부의 외교정책은 정책과 결정의 전후맥락을 고려하여 선택에 대한 확신을 가지고, 선택이 낳는 행동의 결과를 고려하여 해당 정책이 실패했을 시 어떻게 출구전략을 마련하여 문제를 극복할 것인가에 대한 의식이 부족했습니다. 그리고 저는 이러한 부분이 한국의 외교 상황에도 어느 정도 적용된다고 느꼈습니다.

물론 한국 외교의 역사를 살펴보면 트럼프 외교처럼 목적의식, 이념적 근거가 부족한 것은 아니었습니다. 지금까지 한국의 외교에서는 특히 북한과의 관계에 대한 정책적 방향이 뚜렷하게 나타났고, 방향성은 조금씩 다르지만 각 정부마다 북한을 어떻게 변화시킬 것인가, 북한과의 관계 개선을 어떻게 해야 할 것인가 등을 심도 있게 논의해 왔습니다. 가령 노무현 대통령은 한반도에서 전쟁이 발발해서는 안 된다는 것을 외교의 최우선 목표로 삼기도 했습니다.

**황재호** 만약 한국 외교에서 가장 역동적이고 추진력 있게 외교정책을 추진했던 정부 또는 정책이 있을까요?

**한승주** 노태우 정부의 북방외교, 김대중 정부의 햇볕정책들이 하나의 노선을 가지고 역동적이고 추진력 있는 정책을 마련한 것으로 볼 수 있습니다. 그리고 저는 노태우 정부의 북방외교와 김대중 정부의 햇볕정책 중 코드 또는 노선의 특징을 더 많이 보여준 정책은 햇볕정책이라고 생각합니다. 북방외교는 냉전 시기 동안 외교관계가 설정되어 있지 않았던 동구권 국가들과 새롭게 국교

ⓒ김현민 기자

를 맺고, 우호적인 협력관계를 설정한다는 개념입니다. 당시 한국은 1988년 서울 올림픽을 성공적으로 개최했고, 이를 통해 외교적으로 큰 성과를 거두었습니다. 이를 이어받아 냉전이 허물어져 가는 시기에 뚜렷한 목표를 설정하고 북방외교를 선택한 것은 탁월한 선택이었습니다. 제가 외교부 장관을 역임하던 당시에 북방외교를 통한 동구권 국가들과의 협력관계가 부재했다면 북핵 문제에 효과적으로 대응하지 못했을지도 모릅니다. 북한은 자신들의 생존을 위해 불가피하게 핵을 포기하지 못하는 상황이고, 이를 해결하기 위해서는 중국 또는 러시아의 협조가 필수적이었습니다. 이 때, 과거 북방외교를 통해 이들과 협력관계를 맺어온 것은 다행스러운 일이었다고 생각합니다.

## 코드인사와 코드외교

**황재호** 코드인사 또는 코드외교에 대해서는 어떠한 생각을 가지고 계신가요?

**한승주** 사실 코드라는 말은 영어로 직접적으로 번역하기 상당히 까다로운 용어입니다. 이념, 성향, 시각 이라는 번역들도 100% 맞아 떨어지는 개념은 아닙니다. 오히려 이 모두를 포함하는 개념으로 보는 것이 적절합니다. 결과적으로 코드라는 개념은 국내정치 또는 국제정치를 다루는 데 있어서 많이 사용되는 용어가 되었고, 역사적 맥락과 의미를 가지고 있는 개념이라기보다는 새롭게 생겨난 개념으로 보는 것이 더 적절하겠습니다. 많은 사람들이 코드라는 개념을 부정적으로만 인식하는 경향이 있는데 코드가 꼭 부정적인 측면만 있는 것은 아닙니다. 가령 "평화를 지키는 것이 최우선이 되어야 한다, 또는 다른 국가들과 제로섬게임(zero-sum game)이 아닌 협력관계를 강화해야 한다." 같은 정책적 방향성을 제시하고 이에 적합한 인재들을 통해 정책을 추진하는 것은 코드의 긍정적인 측면이라고 할 수 있습니다. 즉, 어떤 측면에서 보면 코드라는 것은 노선이라고도 볼 수 있으며 한 가지 노선을 가지고 정책의 일관성을 추구하는 것은 효과적이고 긍정적인 결과를 가져올 수도 있습니다.

**황재호** 그렇다면 김대중 정부의 외교를 정책, 절차, 인재가 있었던 3유 1무 외교에 근접한 것으로 이해해도 될까요?

**한승주** 물론 흑백논리로서 정책, 절차, 인재의 유무를 명확하게 판단하기는 매우 어렵고 수치화하여 몇 퍼센트(%)라고 단정적으로 말하기도 힘듭니다. 한국의 외교에 있어서 인사의 경우, 1990년대 이전까지 정보부, 군부, 경찰기관과 같은 권력기관들이 조직을 장악했었습니다. 이들은 외교 분야에서의 경험이 부재했고, 외교정책을 성공적으로 수행할 자질이 부족한 사람들이 외교 전반에서 활동했었습니다. 이러한 관행과 인사 문제는 김영삼 대통령의 문민정부가 들어서면서 사실상 사라졌습니다. 대사의 임명, 차관 이하의 인사에 있어 외압이나 코드의 영향을 크게 받지 않았습니다.

그런데 1990년대 후반 이후 김대중 대통령의 햇볕정책이 추진되면서 코드가 인사 문제에 영향을 끼치기 시작했습니다. 물론 코드가 인사에 절대적인 영향을 끼쳤던 것은 아닙니다. 김대중 대통령의 경우, 외교적 자질 이외에도 성향, 성격 등과 같은 인적정보도 인사에 반영했습니다. 또한 당시에는 지연도 큰 영향력을 가지고 있었습니다. 물론 과거 독재정권 시절부터 특정 지역이 정치적으로 소외되었던 것을 감안하면 김대중 대통령 당시에 이러한 지연을 통한 인사는 역사적 보완 차원에서 이해할 수는 있습니다. 그러나 그 이후에 주요 외교정책 담당 인사뿐 아니라 일반 외교 공무원들의 인사 문제에도 청와대의 코드를 반영한 인사가 진행되었고 이것이 점점 심해졌습니다. 어떤 사람들은 김대중 대통령 개인에 대한 평가를 차치하더라도 확실하게 코드를 가지고 정치를 했던 인물로 평가합니다. 물론 김대중 대통령이 인사 측면에서 모든 문제에 직접적으로 개입하지는 않았겠지만 정상적이고 보다 합리적인 인사절차가 부족한 면이 있지 않았나 생각합니다.

**황재호** 그렇다면 정책적으로 김대중 정부의 외교정책을 어떻게 평가할 수 있을까요? 추가로 다른 정부의 외교에 대해 언급하실 부분이 있으신가요?

**한승주** 정책의 경우, 당시 김대중 정부는 실용주의 노선을 택했습니다. 실용주의 외교라는 것은 외교의 내용이 국가의 이로운 목표를 실현하는 것으로 이를 달성하기 위해 이념, 감정, 인연, 정책자의 개인적인 이해관계 또는 코드를 수단으로 사용하는 것을 의미합니다. 이러한 측면을 종합적으로 고려했을 때, 과연 한국에 외교가 있는가라는 의문을 다시 한번 가지게 되었고 이와 관련하여 책을 발간하였습니다. 그런데 제가 과연 한국에 외교가 있는가라는 것은 현 정부의 문제점만을 꼬집는 것이 아닙니다. 제가 강조하고 싶었던 부분은 한국 외교가 나아가고 있는 방향성과 경향에 관한 문제였습니다. 이러한 관점에서 볼 때, 한국은 '외교가 없는' 방향으로 흘러가고 있다고 봅니다. 물론 제 책에서 보시면 특정 정부의 외교정책에 초점을 맞춘 것이 아니라 역대 정부 또는 현 정부를 아우르는 흐름에 대해 이야기한 것으로 이것이 잘 전달되기를 바랍니다.

또한 제 책과 관련하여 한 가지 보태고 싶은 부분이 있습니다. 저는 『한국에 외교가 있는가』 책을 집필할 때, 제 책이 평론으로서 활용되기보다는 학술적으로 활용되기를 원했습니다. 이 생각에는 여전히 변함이 없으며 앞으로도 한국의 외교를 공부하고 수행할 사람들이 책을 통해 배울 수 있는 것이 있다면 좋겠습니다. 그리고 이 책에서 1-2장은 제가 주미대사로 있던 1998년 당시 하버드대학교에서 '미중 간의 한국'이라는 제목으로 강연했던 내용을 많이 반영했으며 이를 바탕으로 당시 제가 생각하고 전달했던 내용을 편집하여 묶어냈습니다. 미중 간의 한국의 역할에 대해서는 당시 많은 사람들이 집중하지 않았던 주제였는데 어떻게 보면 제가 국제정세를 미리 내다본 것이 아닌가라는 생각도 합니다. 물론 현재의 상황에 맞게 많은 부분을 수정했고, 다양한 의견과 연구를 참고하여 이 책을 집필했습니다. 그런데 책이 출판되고 보니 책 제목 때문에 많은 사람들이 이 책이 현 정부에 대한 비판 의견을 이야기하거나 현재 한국에 외교가 있다 없다라는 흑백외교로 이해하는 분들이 많습니다. 그러나 아까도 말씀드린 것처럼 제가 강조했던 부분은 한국 외교가 걸어온 방향과 문제에 대해 거시적인 관점입니다.

## 문재인 외교의 명암(明暗)

**황재호** 이번 문재인 정부의 외교에 있어서 성과 또는 아쉬운 부분에 대해 말씀해주시기 바랍니다.

**한승주** 문재인 정부의 외교에서 아쉬웠던 부분은 반일 감정에 치우치는 정책으로 한일 위안부 합의에 대한 출구전략을 마련하지 않고 포기했던 것, 중국에 대한 무조건적인 저자세를 취하며 '3불 입장'을 받아들인 것, 미국과의 공동 군사훈련을 축소하고 북한과 평화의 이름으로 군사 합의를 체결하여 안보를 약화시킨 것, 미북 정상회담을 성사시키기 위하여 북한의 핵 무력을 과소평가하고 비핵화 의지를 과장한 것 등을 꼽을 수 있겠습니다.

다음으로 문재인 정부의 외교적 성과로는 일본과의 지소미아(GSOMIA)를 폐기하지 않은 것을 꼽을 수 있습니다. 제2차 세계대전 중 일본의 강제 노역과 관련하여 압류한 신일본제철(현 신일철주금), 미쓰비시의 자산을 처분하여 현금을 압수하지 않은 것, 미국과의 방위 분담금 협상을 성공적으로 이끌어 문제 해결에 도움을 준 것 등을 꼽을 수 있겠습니다.

**황재호** 외교에서 거짓말을 하지 않으면서도 비밀을 지킬 것은 지켜야 동시에 협상 상대로부터 신뢰를 받을 수 있다고 책에서 말씀하셨습니다. 한국 외교에서 그런 사례가 있다면 꼽아주시기 바랍니다.

**한승주** 1992년 한국 정부는 중국과의 수교 협상을 진행시키면서 대만에는 한중 수교가 없을 것이라는 인상을 심어주었던 사례가 있습니다. 결국 한중 수교가 이루어짐에 따라 대만 정부는 이에 격분하였으며 국제적으로도 한국 외교는 신뢰성의 문제에 있어 큰 타격을 입었습니다.

다른 국가들의 사례로 보면 제2차 세계 대전이 발생하기 전 일본의 대미 관계 사례를 꼽을 수 있습니다. 당시 일본 대사는 미국 정부에 우호적인 발언을 하며 미국을 안심시키려 했으나 이미 진주만 공격의 정보를 가지고 있던 미국의 국무장관은 자신의 방에 찾아온 일본 대사의 발언에 격노하였고, 일본 대사가 쫓겨 났던 사례가 있습니다. 또한 북한 역시도 그동안 핵 문제와 관련하여 미국 등 국제사회에 기만적인 언사를 행함으로써 국제적인 신뢰를 얻지 못하고 있는 것을 보면 외교에서 신뢰를 구축하는 것이 얼마나 중요한지 알 수 있습니다.

## 한국 외교, 원칙이 필요하다

**황재호** 이사장님께서는 중국은 만만해 보이는 국가 또는 약점을 가진 국가를 압박하는 경향이 있으며 한국은 쉽게 밀리는 경우가 많았는데 우리 원칙과 이익을 수호하기 위해선 어느 정도 손해를 각오해야 한다고 한 신문 인터뷰에서 말씀하셨습니다. 외교정책 전반과 더불어 특히 대중(對中) 외교정책에 대한 우리의 원칙과 이익은 무엇인지요?

**한승주** 중국은 경제적으로 우리의 제1의 교역국이며 유엔 안보리의 상임이사국인 동시에 북한에 대하여 가장 큰 영향력을 행사할 수 있는 국가로 우리의 입장에서는 상당한 레버리지(leverage)를 갖고 있습니다. 또한 중국은 2000년대 시진핑 주석의 집권 시기에 들어와 군사력을 대폭으로 강화시켰을 뿐 아니라 막대한 경제력을 외교적 무기로 사용하는 정책까지 취하고 있습니다. 그러나 중국의 국력 증가와 더불어 한국에 대한 압력이 커진다고 하더라도 중국의 압력에 한국이 굴복하고, 중국이 원하는 방향으로만 나아갈 수는 없습니다. 실제로 싱가포르나 호주는 역으로 중국의 압력에도 불구하고 그들의 정책을 양보하지 않음으로써 '중국이 밀면 밀린다'라는 교훈을 주지 않고 있습니다. 흔히 중국은 주변국에 '교훈을 준다'는 표현을 많이 쓰는데 오히려 이러한 중국의 정책이 늘 효과가 있는 것이 아니라는 점을 주지시켜야 할 필요가 있습니다.

**황재호** 이사장님께서는 위의 책에서 국제사회의 '국격' 있는 국가들의 예로 스웨덴, 노르웨이, 캐나다를 드셨습니다. 한국이 이들 같은 존경받는 나라가 되기 위해서는 무엇을 어떻게 해야 할까요?

**한승주** 역사적으로 한국은 오랫동안 외침에 시달려왔고, 현재는 남북이 분단되어 있는 등 안보적으로 불안한 상황이 지속되어 왔기 때문에 외국(특히 강대국들)을 탓하는 피해자 의식을 가지는 경향이 있습니다. 국격이 존재하기 위해서는 그만큼의 여유와 관용성이 필요한데 한국은 이러한 여유 및 관용의 부분에서 부족한 부분이 많다고 생각합니다.

**황재호** 한국 외교의 원칙과 관련하여 국제사회 이슈를 들어 질문을 드리겠습니다. 미얀마 쿠데타 사태가 한 치 앞을 가늠할 수 없습니다. 한국 정부가 3월 12일 군용물자 수출을 금지하기로 하는 등 미얀마 군부에 대한 국제사회의 제재 움직임에 동참했습니다. 이것을 소위 '국격' 있는 국가가 되기 위한 노력으로 이해해도 될까요? 이러한 제재를 통해 혹여 북한 인권, 홍콩 문제, 신장, 티베트 문제 등에 국제 사회가 한국에 입장 표명을 요구할 경우 부메랑으로 돌아올 가능성은 없을까요?

**한승주** 한국이 미얀마 쿠데타 사태에 대한 국제사회의 대응에 동참하는 것은 긍정적이라고 평가합니다. 그러나 이미 중국이 미얀마의 군부를 지원하기로 한 상황에서 이러한 국제사회의 제재의 효과가 제한적일 것입니다. 그리고 한반도에서 발생하는 북한 인권 문제 등 인권 부분에서 아직까지 한국의 외교적 역량 또는 경험은 부족한 상황이기 때문에 인권 문제에 있어 한국의 국제적 역할은 제한적이 될 것입니다.

### 나는 '자유롭게 소신대로 목소리 내고자 했던 교수'

**황재호** 마지막으로 본인을 한 단어를 정의한다면 어떤 것이 있을까요?

**한승주** 제가 살아오면서 다양한 직책을 맡고 다양한 활동을 해왔지만 제가 다른 사람들에 의해 정의되기 원하는 것은 교수입니다. 교수라는 직업은 학자적 지식, 양심, 신념 등 다양한 요소를 갖추어야 하는 상당히 어려운 직업입니다. 그러나 어려운 만큼 보람을 가지고 활동하는 직업 역시 교수라고 생각합니다. 저는 교수라는 직업을 통해 자유롭게 제 소신대로 목소리를 낼 수 있었고 이것이 가장 큰 장점이라고 생각합니다. 그렇기 때문에 저는 제 자신을 교수로 정의하는 것이 가장 적합하다고 생각합니다.

제5장

# 대북정책, 단계적으로 성과 낼 수 있어야

**이종석** 전 통일장관

**이종석** 현재 세종연구소 수석연구위원으로 있다. 성균관대학교 행정학과를 졸업하고 동대학원에서 정치외교로 석사학위와 정치학 박사학위를 취득하였다. 1995-2003년 통일부 정책자문위원을 지냈으며, 2000년 1차 남북정상회담에 대통령 특별수행원으로 참석하였고, 노무현 정부에서 청와대 국가안전보장회의(NSC) 사무차장(2003-2005), 통일부장관 겸 국가안전보장회의 상임위원장(2006) 등을 역임하였다. 또한 미국 스탠포드대학 방문학자 및 중국 베이징대 초빙교수를 지냈다. 저서로는 "칼날위의 평화"(2014) 등이 있다.

©강진형 기자

## 문재인 정부의 대북정책 평가

**황재호** 이번 정부의 지난 4년 대북정책 성과를 평가해주시기 바랍니다.

**이종석** 정부의 공과를 평가한다는 것이 쉬운 일은 아닙니다. 특히 정부가 성공적으로 나아가고 있을 때는 비교적 평가하기가 수월한 반면 문제가 발생하고 어려움이 겪을 때는 평가하기 난감한 부분들이 있습니다. 그럼에도 이번 정부의 대북정책의 성과에 대해 평가한다면 이번 정부가 출발할 때 북한에 대한 접근법과 정책적 구상도 훌륭했고, 그 과정에서도 찬란한 성과를 도출할 뻔했다는 점에서 높은 평가를 할 수 있겠습니다. 다만 이것이 국제사회에서 역사적인 결실로 남을 만큼의 결과를 만들어 내지 못했다는 점이 매우 아쉽습니다. 아시는 것처럼 남북 간의 정상회담이 3차례 진행되었고, 그중 2차례에 걸쳐 역사에 남을 만한 합의사항들을 도출했습니다. 또한 북미정상회담도 우리 정부가 중재할 만큼 중요한 역할을 담당했습니다. 이러한 일련의 성과들을 통해 우리가 한반도에서 평화와 제도를 공고화하는 데 연결점 역할을 할 수 있었는데 결과적으로는 미흡한 부분들이 발생하여 실패한 것에 대해 아쉬움이 큽니다.

**황재호** 이번 정부가 이것은 꼭 했어야 했던 것은 무엇인가요?

**이종석** 딱 하나만 말씀드리자면 2018년 9월 19일 평양 공동선언의 제5항에 관련된 내용입니다. 공동선언 제5항은 북한의 핵 문제와 관련한 내용들 담고 있으며 남북 간에 이 문제를 해결하기 위한 합의내용이 담겨 있습니다. 구체적으로 북한은 동창리 엔진 시험장부터 폐기시키고 미국이 이에 상응하는 조치를 취한다면 단계적으로 전문가 사찰의 형태를 거쳐 영변 핵시설의 영구적 폐기를 취해나갈 것을 합의하고 있습니다. 이 내용은 남북관계와 한반도 평화 문제에서 매우 중요한 합의사항이었습니다. 우리 정부가 이러한 합의내용을 김정은 위원장으로부터 받아낸 것은 큰 성과였으나 이것이 진정한 의미 있는 결과로 이어지려면 미국을 필수적으로 설득하여 합의를 도출하도록 했어야 했습니다.

그러나 이는 실패로 돌아갔고, 제5항의 내용을 성공적으로 실천하지 못했던 것이 가장 아쉬운 부분입니다. 왜냐하면 김정은 위원장의 입장에서는 문재인 대통령에게 제5항에 명시된 것만큼의 양보와 합의를 이어가겠다는 의지를 보여준 것으로 우리 정부가 이를 바탕으로 미국을 설득하여 협상을 성공적으로 이끌 수 있겠다는 기대가 있었을 것입니다. 그리고 우리 정부 역시도 제5항의 합의내용을 바탕으로 트럼프 대통령과 미국을 설득할 수 있다는 자신감을 가지고 있었을 것이라 생각합니다. 그러나 결과적으로 이는 실패하였습니다. 트럼프 대통령이라는 인물은 자신의 개인적인 성과를 최우선하기 때문에 자신이 전면에 드러나지 않는 상황에서 남북 간의 역사적 결실을 맺기 위해 노력하는 모습을 보여주지 않았습니다. 공동선언 제5항의 내용은 미국의 입장에서도 매우 중요한 문제였음에도 불구하고 이를 무시했던 것입니다. 북한의 모든 핵시설과 제반 기술들은 영변에서부터 출발합니다. 이에 대한 폐기를 합의했음에도 미국이 소극적인 태도로 일관했다는 것은 아마 이러한 제5항의 합의내용이 트럼프 대통령 입장에서는 김정은 위원장과 문재인 대통령 간의 합의와 성과라고 받아들인 것이 아닌가 싶습니다. 어떻게 보면 결과적으로 김정은 위원장이 2018년 9월 19일 남북 공동선언 제5항의 합의내용을 미국과 직접 나눴다면 이것이 성공적으로 이행되었을지도 모릅니다. 저는 이 공동선언 제5항이 오늘날의 남북관계와 한반도 상황을 만들어 낸 변곡점이라고 생각합니다.

## 한반도 운전자 또는 네비게이션?

**황재호** 현 남북관계를 고려할 때 우리는 한반도 운전자인가요, 아니면 네비게이션이나 또 다른 역할이 맞을까요?

**이종석** 저는 한반도 운전자론이라는 표현은 하나의 상징적 수식어라고 생각합니다. 개인적으로는 한반도 운전자론을 주장하기보다는 우리가 어떤 상황에서도 한반도 문제에 대해서는 주인의식을 가지고 적극적이고 창의적인 노력을 기울이는 노력이 우선시되어야 한다고 생각합니다. 한반도 문제는 우리의 생존과 직결되는 운명적 문제이기 때문입니다. 이러한 점에서 운전자라는 표현은 너무 단적인 표현입니다. 상황에 따라 운전자가 아닌 보조석에 앉은 사람도 처한 상황에 적극적인 개입과 사고가 가능하며, 운전자보다도 중요한 역할을 담당할 수도 있기 때문입니다. 결과적으로 우리는 한반도 문제에 있어 주도적인 자세로 접근할 필요가 있습니다.

**황재호** 저 역시도 우리가 마이클 슈마허와 같은 카레이서로 생각하지 말고, 마을버스 운전기사처럼 동네를 구석구석 잘 파악하고 어떤 길도 문제없이 잘 나아가는 것이 더 중요하다고 생각합니다.

## 종전선언의 3자 4자 논란

**황재호** 한반도 평화체제의 전환과정에서 중국은 가장 큰 영향력을 가진 국가입니다. 판문점선언 때 국내외적으로 엄청난 반향이 있었지만 저는 3자, 4자 한 조항이 패싱(China passing) 가능성으로 결국 중국이 몽니를 부리지 않을까 내심 우려했습니다. 선언 작성 때 이후 국제정치의 역작용을 고려하지 않은 것인가요, 아니면 못한 것인가요?

**이종석** 사실은 이 문제는 문구 자체보다는 이후에 우리 정부가 대북정책을 수행하는 자세에서 문제가 발생했다고 생각합니다. 종전선언과 평화체제에 관련해서 3자 또는 4자가 참여한다는 내용은 2007년 10월 4일 남북공동선언에서부터 명시된 것입니다. 당시 노무현 대통령은 3자 또는 4자 참여하는 문제에 있어 중국이 포함된다는 것을 미국에 전달했습니다. 2007년 10·4 남북공동선언의 연장선상에서 3자 참여를 문재인 대통령과 김정은 위원장이 합의했을 것이고, 중국이 빠진 것은 우리나 북한이 중국을 견제하기 위한 목적이 있었기 때문이라고는 생각하지 않습니다. 어디까지나 이는 선언적 측면이 강한 것으로 한반도 종전과 평화체제 구축에 있어 중국을 배제하는 것은 현실적으로 불가능하다는 것을 모두가 알고 있을 것으로 생각합니다. 다만 과거 남북공동선언의 내용을 관성대로 따라 용어를 사용한 것과 더불어 우리 정부가 남북미 평화체제를 적극적으로 주장하는 것을 중국의 입장에서는 위협으로 받아들였을 가능성이 있고, 이것이 중국을 자극한 부분이 있습니다.

**황재호** 4자 간의 종전협의가 필수적인 부분이며 이러한 정책적 고려와 입장은 참여 정부 때부터 추진되어 왔습니다. 그런데 이번 정부에서 3자 종전협의를 강하기 밀어붙이게 되면서 균열이 발생한 것으로 보입니다.

**이종석** 남북미중 4자가 참여하는 공동선언이 아닌 남북미가 주도하는 공동선언의 방향으로 흘러간 것이 문제를 발생시켰습니다. 결과적으로 저는 이번 정부가 남북미라는 용어에 너무 집착한 것이 아닌가 생각하며 결과적으로 이것은 전략적으로 옳은 판단이 아니었다고 생각합니다. 북한의 입장에서도 중국이 참여하지 않는 종전선언 및 평화체제 구축에 대한 논의는 받아들이기 힘들 것입니다. 이는 우리가 중국에게 가지고 있는 호불호의 문제를 떠나 한반도의 평화체제를 위한 해법에 대한 접근법으로 바라볼 문제로 중국을 효과적으로 참여시킬 수 있는 방법에 대한 논의가 계속해서 이루어져야 할 것으로 생각합니다.

**황재호** 우리처럼 외교가 중요한 나라에서 문건이 나오기 전에 검토가 제대로 이루어졌더라면 오해가 발생하지 않고, 힘든 시간을 거치지 않을 수 있었을 텐데 아쉽습니다.

**이종석** 당시에도 저를 비롯한 몇몇 분들이 정부에게 남북미중 4자 참여에 대한 이야기를 전달했었습니다. 그러나 이것이 효과적으로 받아들여지지 않았습니다. 아마 문재인 정부 내부에서 한반도 평화체제 구축에 대한 확고한 방향성이 있었다고 생각하며 일정 부분 동의하는 부분이 있는 것은 사실이지만 전략적인 측면에서 볼 때, 그것이 의도했든 아니었든 중국을 배제하는 선택은 옳지 않았습니다. 개인적으로 저는 공동선언과 관련한 회의 초반부터 남북미라는 직접적인 표현을 사용하지 않고, 3자 또는 4자라는 표현만 했더라도 문제가 심각해지지는 않았을 것으로 봅니다.

제가 이해하기로는 우리 정부 내부에서 3자를 명확하게 남북미로 설정하여 밀고 나가자는 논의가 있었던 것은 아닌 것 같습니다. 다만 말씀드린 것처럼 3자를 남북미로 설정한 것이 전략적으로는 현명하지 못한 판단이었고, 우리 입장에서도 중국은 중요한 이해당사국인데 우리에게 특정한 이익이 없는 상황에서 중국을 자극할 필요가 없었는데 아쉽습니다.

## 중국몽니, 일본몽니

**황재호** 그럼 한일관계는 어떻게 생각하시는지요? 한일관계에 대한 우리 정부의 입장, 정책들의 방향성은 충분히 이해가 가나, 결과적으로 일본이 미국에게 북한 문제 관련해서 오히려 장애요인으로 작용하였습니다. 어떻게 보면 중국 패싱을 하려다 중국 몽니가 발생하고, 일본 패싱을 하려다 일본 몽니가 또 발생한 것이 아닌가요?

**이종석** 제 개인 생각으로 남북미 종전선언 때문에 외교적으로 중국이 직접적인 몽니를 부리지는 않았지만 한중관계에 부정적인 영향을 준 것은 사실입니다. 그리고 한일관계가 최근 경색된 것의 배경은 박근혜 정부 때부터 일본군 위안부 문제를 한일관계 전면에 내세우면서 시작되었다고 볼 수 있습니다. 문재인 정부가 들어선 이후 일제 강제징용에 대한 대법원 판결이 나왔고, 사법부의 판단에 대해 행정부가 존중의 의사를 밝히는 것은 매우 합리적인 결정이었습니다. 다만 외교적인 입장에서 사법부의 판결을 존중하면서도 정부의 입장에서는 좀 더 신중한 태도가 필요했었다고 생각하는데 문재인 정부의 대일 발언들은 지나치게 직설적이었다고 생각합니다. 이러한 문재인 정부의 발언들로 인해 이미 한국과의 역사적인 문제로 콤플렉스를 가지고 있는 일본은 더욱 강경한 대응을 하게 되었고, 박근혜 정부 때의 양국 간 약속과 합의를 이제 와서 지키지 않는다고 매도하는 결과를 가져왔습니다. 말씀드렸던 것처럼 문재인 정부가 대법원의 판결을 이해하고, 관련 내용을 집행하는 과정에서 조금 더 섬세하게 접근했다면 일본을 외교적으로 더 수월하게 관리했을 수 있었다고 생각합니다.

### 대북정책, 일관성이 필요하다

**황재호** 장관님의 한 언론 인터뷰에서 이전 정부들의 대북정책 중에서도 지켜나가야 할 부분은 지켜나가야 한다고 하신 것으로 알고 있습니다. 어떤 것들이 있을까요?

**이종석** 가장 중요한 것은 남북 간 합의가 되어 있거나 또는 국회에서 통과된 사안들에 대해서 가급적이면 일관되게 이어가는 것입니다. 남북 간의 합의는 어떻게 보면 국가 간 합의와 동일한 성격을 가지고 있습니다. 제가 항상 느끼는 것은 우리가 정부와 정권을 구별해야 한다는 것입니다. 정권은 유한하지만 한국 정부는 무한합니다. 또한 정권은 정파적 속성을 가지고 있는 동시에 한국 정부를 계승하는 연속성도 가지고 있습니다. 그러므로 이전 정권이 대외적으로 약속한 정책들을 지속적으로 유지하는 부분은 필요합니다. 물론 이것이 지켜지지 않는 상황도 불가피하게 발생할 것이고 그러한 상황에서는 왜 지킬 수 없는지에 대해 상대방의 이해를 구하고 신뢰를 잃지 않도록 하는 것이 중요합니다.

제가 이런 말씀을 드리는 이유는 제가 정부에 속해 있을 당시의 경험 때문입니다. 당시 제가 정부에서 일할 때 핵물질 사건이 발생했습니다. 김대중 정부 당시 한국원자력연구원(KAERI)이 우라늄 농축 실험을 했던 것이 노무현 대통령의 참여 정부 당시 드러난 것입니다. 물론 참여정부는 이러한 사실을 미리 전달받지 못한 상황이었습니다. 한국은 국제원자력기구(IAEA)에 가입하면서 추가 의정서에서 특별 사찰을 받을 수 있다는 내용을 가지고 있었습니다. 이를 바탕으로 한국원자력연구원에 대한 사찰이 이루어졌고 과거 실험 내용이 밝혀진 것입니다. 또한 1980년대 전두환 정권 당시 한국과학기술연구원(KIST) 자리에 대한 공개 요구도 있었습니다. 당시에도 전두환 정권은 플루토늄 실험을 시행한 것이 밝혀졌습니다. 당시 참여 정부는 북한의 핵 문제로 어려움을 겪고 있었는데 오히려 한국이 소위 핵실험을 진행한 불량국가(rogue state)로 간주된 것입니다. 이러한 경험들을 통해 저는 정권은 유한하지만 정부는 무한하다는 생각을 더욱 공고화하게 되었습니다. 일관성 있는 정책을 시행하고 이것이 지속적으로 지켜지는 정부를 가진 국가가 품격과 저력을 가진 국가인 것입니다.

**황재호** 우리의 여러 정권들의 대북정책 중 일관된 부분이 있을까요?

**이종석** 한국의 대북정책의 과정에서는 항상 격변의 시기가 존재합니다. 그렇기 때문에 일관성을 유지하는 것이 상당히 어렵습니다. 그렇기 때문에 저는 가급적이면 제가 속하지 않았던 정부 내부의 정책방향과 내용에 대해 직접적으로 부정적인 평가를 내리는 것은 금기시하고 있습니다. 나름대로 당시 정부의 정책 결정에는 이유가 있었을 것이고, 불가피한 상황 역시도 존재했을 것이라고 생각합니다. 다만 그럼에도 불구하고 한 가지 말씀드리고자 하는 것은 매 정부마다 잘못된 정책을 살펴보기보다는 한반도의 대북정책이 가지고 있는 운명에 대해 생각하는 것이 중요하다는 것입니다. 특히 한국 정부의 대북정책 방향은 우리 정부의 성향과 더불어 당시 집권하고 있는 미국 정부의 성향과의 동질성 또는 이질성에 따라 달라집니다. 예를 들어, 과거 냉전 해체 과정에서 노태우 대통령은 보수 정부를 구성하였고 미국 역시도 아버지 부시에 의한 공화당 정부가 집권하고 있었습니다. 당시 미국 정부는 세계 냉전 해체를 주도하며, 포용성을 가지고 국제 문제에 개입하고 있었고 그렇기 때문에 노태우 정부와 아버지 부시 정부는 성향적으로 합이 맞는 부분이 생기게 되었습니다. 그래서 나온 것이 노태우 정부의 북방외교입니다.

한국의 대북정책 및 대외정책에서 문제와 갈등이 발생한 상황들을 보면 한국에 진보 또는 보수 정권이 들어섰을 때와 미국의 공화당 또는 민주당 정권이 들어선 상황이 동질성 있게 맞물리지 못한 상황이 많았습니다. 상대적으로 미국의 민주당은 동맹의 말에 귀를 기울이는 편입니다. 미국 민주당 역시도 북한 문제에 대해서는 강경한 입장을 취하고 있는 것이 사실이지만 적어도 한국의 정부가 진보적 성향을 가진 정부일 때는 우리의 설득을 통해 대북정책을 조정하는 경우가 많았습니다. 그리고 이 시기에 평화의 가능성은 높아졌습니다. 역사적으로 살펴보면 한국의 진보정권과 미국의 민주당 정권이 공동으로 집권하게 된 시기는 1998년부터 2000년까지입니다. 이 시기 동안 페리 프로세스(Perry Process), 매들린 올브라이트(Madeleine Albright) 국무장관의 평양 방문, 북한 조명록 차수의 백악관 방문 등의 성과가 있었습니다. 빌 클린턴 대통령 역시도 북한을 방문하는 것이 계획되어 있었으나 미 대선의 문제로 방문이 성사되지는 못했습니다.

그리고 이후에는 한국과 미국 사이의 정부 성향의 동질성이 발현되지 못하다가 올해 조 바이든 대통령의 민주당 정권이 들어서면서 한국의 문재인 정부와 성향적으로 동질성을 가지게 되었습니다. 현재 남북관계 및 북미관계에서 단기적인 긴장고조는 이루어지겠지만 중장기적으로 정세가 완화될 것으로 판단합니다. 결국 역사적 경험을 살펴보면 한국 정부와 미국 정부의 성향 차이가 어떻게 발생하는가에 따라 한반도 평화 및 대북정책의 성공 여부도 지대한 영향을 받는 것입니다.

### 새로운 남북관계를 위한 길

**황재호** 우리의 국력은 북한의 거의 50배에 달합니다. 그러나 북한에 대해 70년대 수세적 경쟁심리가 여전한 듯합니다. 우리의 대북 스탠스에는 묘한 이중적 심리가 있는 듯합니다.

**이종석** 제가 볼 때 현재 남북한 관계는 굉장한 역설을 맞이하고 있습니다. 한국은 분단 이후 남북대결 속에서 기적처럼 민주주의를 성장시켰고, 세계적으로 놀라운 수준까지 달성했습니다. 민주주의의 발전은 다원주의의 발전이고 이는 나와 다른 사람에 대한 포용성을 의미합니다. 그리고 현재 남북한 사이의 경제 격차는 매우 큽니다. 이러한 배경을 고려하면 논리적으로 생각했을 때 우리가 이전까지 북한에게 가지고 있던 적개심은 완화되는 방향으로 나아가는 것이 합리적일 것입니다. 그러나 한국사회가 고도로 민주화되고 남북 간의 격차가 지속적으로 커진다고 해서 북한에 대한 포용력이 높아진 것이 아니라 오히려 더 낮아지는 역설을 경험하고 있습니다. 이러한 역설이 우리가 앞으로 풀어나가야 할 숙제입니다. 과거와 달리 이제 우리와 북한은 정치, 경제, 사회, 문화 및 생활 전반에서 상당한 괴리감을 가지고 있으며 북한을 한 민족으로 인식하지 않고 남으로 바라보는 세대들이 우리 사회의 주역이 되고 있습니다. 이러한 상황으로 2개 국가적 사고가 확대되어 있으며 북한 정권의 장기화로 인해 북한에 대한 신뢰 역시도 계속해서 떨어지고 있습니다. 결과적으로 우리 사회에서 민족정체성에 대한 관심이 줄어들고, 대북정책을 통한 정치적 갈등이 촉진되고 있기 때문에 한반도에서 평화를 마련하기 위한 체제 구축이 더욱 어려워지고 있다고 생각합니다.

**황재호** 이번 정부는 평화를 더 많이 강조하고 있는데 그전까지는 통일을 강조했습니다. 앞으로 평화를 더 강조하는 것이 맞을까요?

**이종석** 박근혜 정부 당시 소위 통일대박론을 내세우며 통일을 우선시했습니다. 그리고 과거 노무현 정부 당시에는 통일보다는 평화번영에 관련한 정책을 추진했습니다. 노무현 대통령은 집권 전부터 남북 간의 통일보다는 한반도의 평화를 더욱 중시했던 인물입니다. 문재인 대통령 역시도 노무현 대통령처럼 평화를 중시하는 인물로 그에 맞는 정책을 추진해왔습니다. 앞으로 어떤 정부가 들어설지는 모르지만 만약 문재인 정부의 성향과 유사한 정부가 들어선다면 평화를 강조하는 기류가 더 강해질 것입니다.

현실적으로 통일이라는 것은 평화가 정착되고 공동번영의 이익이 발생하는 것으로부터 발전되는 개념이며 통일은 평화구축 이후의 세대가 판단하고 결정할 문제라고 생각합니다. 또한 북한의 김정은 체제가 무너지기보다는 지속될 가능성이 높다는 것을 전제할 때 통일이 당면한 과제라고 보기는 더욱 어렵습니다.

이에 따라 결국 통일 문제에서 가장 중요한 부분은 바로 북한의 입장입니다. 기본적으로 북한은 김정은 체제가 들어선 이후 노동신문이나 다른 매체를 통해 통일보다 평화를 강조하고 있으며 이는 과거 김일성, 김정일 체제와는 매우 다른 모습입니다. 평화를 강조하는 것과 더불어 김정은 위원장의 국가노선을 바라보는 관점에는 크게 두 가지 변화가 있었습니다. 첫 번째는 대남관의 변화입니다. 과거 북한은 사회주의 제일주의, 조선민족주의 제일주의를 벗어나 1국가 자강론을 펼치고 있습니다. 이제 더 이상 북한의 입장에서 한반도에서의 민족해방은 기본적인 당면과제가 아닙니다. 김정은 위원장은 이를 매우 명확하게 설정하고 있습니다. 두 번째는 국가전략 노선의 전환입니다. 북한의 체제는 김정은 위원장 집권 이후 군사주의에서 경제주의로 전환했습니다. 경제발전을 위해서는 불필요한 긴장 조성은 방해가 됩니다. 그러므로 이러한 국가전략 노선의 전환은 통일보다 평화를 강조하는 방향으로 나아갈 수 있는 토대를 마련한 것입니다.

**황재호** 만약 다음 정부가 통일을 강조하게 되면 상황이 달라질까요?

**이종석** 담론적 측면에서 통일을 강조할 수는 있겠지만 현실적으로 직접적인 통일정책을 추진하는 것은 어렵다고 생각합니다. 통일의 형태를 이야기 할 때, 우리가 소위 과거부터 이야기해 온 하나의 제도, 사상, 정치체제를 갖춘 통일 방식은 거의 불가능합니다. 말씀드린 것처럼 민족정체성에 대한 관념이 모호해지고, 남북 간의 격차가 상당한 상황에서 민족국가로의 통일은 이미 먼 이야기가 되었습니다. 물론 남과 북이 적대적 관계를 해소하고 정전을 평화협정으로 전환시켜 자유로운 교류가 활성화 된다는 전제하에서 연합국가의 형태로 통일을 추진한다면 일리는 있습니다. 그러나 1국가 통일, 연방제 통일은 불가능한 방법입니다. 이는 2000년 6·15 남북정상회담에서도 명확하게 드러났습니다. 당시 김대중 대통령은 현실적으로 연방제 통일의 어려움을 이야기했고, 김정일 위원장도 남과 북이 낮은 단계의 연방제로 나아가는 것은 가능성이 있겠지만 실질적인 연방제 통일은 불가능하다는 입장에 동의하는 발언을 하였습니다. 즉, 북한 역시도 이미 과거부터 통일 문제를 당면과제가 아닌 장기적인 과제로 설정한 것입니다. 앞으로 남북이 통일을 당면과제로 언급하며 추진하는 것은 현실적으로 어렵습니다.

### 북한의 내구성과 아킬레스건

**황재호** 저는 북한이 강성대국(强盛大國)을 이야기할 때 강한 성격의 정권중시 국가(強性代國)로 해석하기도 합니다. 많은 이들이 북한이 무너진다 하는데 내구성이 상당합니다. 그 이유는 무엇일까요?

**이종석** 우리는 지금까지 북한의 핵실험 및 안보 문제를 중심으로 북한의 호전적, 도발적 모습에 초점을 맞춰왔습니다. 그러다 보니 북한에서 발생하고 있는 또 다른 경제적, 생산 분야에서의 변화를 주목하지 못했습니다. 많은 사람들이 북한이 극단적인 경제 제재 속에서도 버티고 살아남을 수 있는가에 대해 궁금해합니다.

김정은 위원장은 김일성, 김정일 체재 때와 달리 경제적으로 잘 사는 북한이라는 표어를 실현함으로써 자신의 정통성을 공고히 하려는 경향이 강합니다. 이러한 배경에서 북한의 체제는 현재 군사 중심주의에서 경제 총력체제로 전환되었습니다. 이것은 국가 자원배분의 우선순위를 전체적으로 뒤집은 것을 의미합니다. 또한 김정은 위원장은 소위 잘 사는 북한을 건설하겠다는 목표를 세웠고 경제발전의 핵심은 생산력 발전에 기반한다는 것을 잘 알고 있었습니다.

그리고 생산력 발전을 달성하기 위해서는 주민들의 생산력을 고조시켜야 합니다. 이를 위해 도입한 것이 경쟁입니다. 이제 경쟁이라는 것은 북한 경제 발전의 주요 수단으로 자리 잡고 있습니다. 북한은 기존의 스탈린식, 레닌식의 생산체계에 경쟁 요소를 투입하여 생산자 중심에서 소비자 중심으로 상품 공급 및  유통 시스템을 구축하고 있습니다. 이를 위해 사회주의 책임 관리자를 신설하였고, 헌법과 노동당 규약에서도 이를 반영했습니다. 이러한 체제 전환과 정책을 중심으로 내부 생산력이 증가했고, 북한의 경제가 유지될 수 있는 토대가 마련된 것입니다.

우리가 북한의 경제 문제에 대해 던지지 않고 있는 질문이 한 가지 있습니다. 과거 1990년대에는 북한이 고난의 행군을 겪으며 외국으로부터 쌀과 옥수수를 지원받았습니다. 그럼에도 불구하고 엄청난 수의 북한 주민들이 굶어 죽었습니다. 그러나 현재는 북한에 당시보다 더욱 강력한 경제 제재가 이루어지고 있고, 식량 지원도 이뤄지지 않는 상황임에도 북한에 굶어 죽는 사람들에 대한 이야기가 나오지 않고 있습니다. 즉, 북한은 경제적으로 자가 동력을 확보했다고 볼 수 있고 이는 자원배분의 우선순위를 변경했기 때문으로 해석할 수 있습니다. 북한은 경제적으로 내부적 개혁을 이뤄내고 시장을 형성했습니다. 우리가 앞으로 집중해야 하는 것은 북한의 안보적 위협과 관련된 것뿐 아니라 지난 10년간의 경제변화를 살펴보아야 합니다. 그동안 북한은 경제 발전에 국가의 사활을 걸고 있었습니다.

**황재호** 북한이 가진 아킬레스건은 무엇일까요?

**이종석** 북한의 아킬레스건이라고 한다면 정권의 변화 및 내부정치 갈등이 심화되는 것이라고 할 수 있습니다. 북한의 정권 내부의 갈등이 심화되지만 않는다면 북한은 급속한 경제발전은 아니더라도 강력한 제재 속에서도 살아남을 수 있는 힘을 계속 유지할 수 있을 것입니다.

## 바이든 시대 북미관계와 한국의 역할

**황재호** 장관님께서는 북한 문제를 오래 다루기도 하셨지만 국제관계와 외교 문제에도 많은 경륜과 식견을 가지고 있으십니다. 바이든 4년 북미 관계를 어떻게 전망하시나요? 우리의 향후 북미 사이 정책은 어떠해야 하나요?

**이종석** 저는 통일부 장관도 역임했지만 국가안전보장회의(NSC) 상임위원장으로도 활동했었습니다. 그리고 2014년 제 경험을 바탕으로 '칼날 위의 평화'라는 책을 집필했습니다. 그리고 그 책에서 많은 외교 문제에 대해 다루기도 했습니다. 어떻게 보면 저는 북한 전문가라기보다 여러 전문적 경험을 쌓아서 외교적 경험을 가지고 있습니다. 이러한 개인적인 배경을 먼저 말씀드리고 답변을 드리겠습니다.

바이든 정부와 관련해서 저는 만약에 바이든 정부의 대북정책만 놓고 본다면 오바마 정부와 매우 유사한 노선을 택할 것으로 생각합니다. 그렇다면 앞으로 북미관계에 실질적인 변화를 이끌어낼 수 있는 주체는 바로 한국 정부입니다. 바이든 정부는 기본적으로 중국을 견제하기 위해 동맹과 협력을 강조하고 있습니다. 동맹에 대한 강조라는 것이 우리에게 있어 도전이자 기회입니다. 미국이 동맹의 리더 역할을 하며 가장 큰 목소리를 가지고 있는 것은 사실이지만 동맹을 강조하기 위해서는 동맹 상대의 목소리에도 귀를 기울여야 합니다. 이러한 측면에서 앞으로 한국 정부가 얼마나 바이든 정부에게 대북정책에 관한 우리 입장을 잘 전달하고 설득하느냐가 중요합니다. 사실 역사적으로 미국의 독자적인 대북정책 과정을 살펴보면 성과보다는 시행착오가 훨씬 많았습니다. 그리고 그러한 시행착오를 겪는 데는 우리의 조언과 설득에 귀를 기울이지 않았던 것이 주요한 원인이었습니다. 군사체계를 통해 북한의 핵 문제 및 군사시설에 대한 정보에 대해서는 미국이 더 우위에 있겠지만 북한 내부의 인사정보, 문화, 김정은의 의도 파악 등은 우리가 가지고 있는 정보들이 훨씬 많고 가치가 있습니다. 미국이 이러한 우리의 강점을 인정하고 받아들인다면 남북관계를 넘어 북미관계 역시도 더욱 발전할 것으로 생각합니다. 앞으로 바이든 정부 시기의 북미관계, 한미관계에 있어서 한국 정부의 역할이 매우 중요합니다.

**황재호** 그렇다면 문재인 대통령과 바이든 대통령이 한미 양국의 1998-2000년과 같은 성과를 낼 수 있을까요?

**이종석** 그 당시와 현재 상황에는 한 가지 차이가 있습니다. 1998년 당시에는 김대중 정부가 출범한 첫 해였고, 클린턴 정부와의 정책적 교류가 이뤄질 상당한 시간이 존재했습니다. 그러나 현재 문재인 정부는 말기에 들어섰기 때문에

©강진형 기자

바이든 정부와 얼마만큼 정책적 교류가 가능하고, 성과를 낼 수 있을까에 대해서는 예상하기 어렵습니다. 그럼에도 불구하고 문재인 정부와 바이든 정부의 성향을 고려하면 당분간 한반도에서 어느 정도의 안정이 유지될 가능성은 높아질 것으로 생각합니다.

**황재호** 말씀하신 것처럼 문재인-바이든 관계가 문재인-트럼프 관계보다 평화조성의 측면에서 더 성과를 거둘 수 있을 것으로 받아들이면 될까요?

**이종석** 트럼프 정부 때처럼 남북관계 또는 한반도 평화에 대한 빅딜이 발생할 가능성은 낮습니다. 현재 한반도의 갈등상황, 잠재적인 분쟁 요소들을 안정화시키기 위해서는 다양한 단계를 거쳐야 합니다. 문재인 정부와 바이든 정부는 이러한 요소들을 하나씩 해결하기 위한 노력들을 시도할 것으로 예상됩니다. 어떻게 보면 트럼프 정부의 대북정책은 하나의 빅딜을 성사시키는 외교방향으로 진행되었다면 바이든 정부의 대북정책은 단계별로 성과를 낼 수 있는 점진적인 외교방향으로 나아갈 것이며 이 과정에서 작은 성과들이 이뤄질 수 있을 것입니다.

**황재호** 만약 한국 정부가 미국을 설득하려는 노력을 계속해도 미국이 이를 받아들이지 않는 상황이 온다면 어떻게 대응해야 할까요?

**이종석** 저는 미국에 어떤 성향의 정부가 들어서느냐에 따라 상황이 달라진다고 생각합니다. 공화당 정부 때는 비교적 설득이 받아들여지지 않는 경우가 많았습니다만 민주당 정부와는 일정 수준의 설득을 통한 교감이 가능했습니다. 우리는 한반도 문제를 풀어가야만 하는 입장에서 미국과의 일정한 접점을 찾아야 합니다. 또한 한반도 문제에서 중요한 이익이 발생하는 문제에 있어 미국이 우리와 다른 입장을 견지한다고 한다면 이에 대해 우리의 입장을 강하게 내비치는 것이 필요합니다. 특히 이를 국제사회에서 공론화시키는 것이 중요합니다. 국력의 차이가 있는 관계에서 양자 간 대화 속에서는 위계질서가 발생할 수밖에 없습니다. 그러나 이를 국제사회에 공론화시킨다면 어느 정도 미국을 압박할 수 있습니다. 국제정치는 흔히 기울어진 운동장으로 표현되지만 공론의 장 역할을 담당하기도 합니다. 이러한 공론의 장에서 다른 국가들이 개입하게 되면 자신의 목소리를 강경하게 유지하는데 제약이 발생합니다. 그렇기 때문에 미국과 중국 같은 강대국들은 자신의 목소리를 강하게 낼 수 있는 동맹국들과 우호국들만 포함하여 대화하기 원합니다. 결과적으로 우리가 한반도 문제에 주도적인 행위자로 역할하기 위해서는 미국에게 우리의 입장을 강하게 주장할 필요성이 있으며 미국 역시도 우리를 무시하고 독단적인 정책을 취하기보다는 일정 수준에서 절충점을 제시할 것입니다.

**황재호** 장관님께서 정부에서 일하실 당시에 그러한 사례가 있나요?

**이종석** 동북아 분쟁에 대비한 전략적 유연성이 대표적인 사례입니다. 당시 국내 진보 언론에서는 미군의 전략적 유연성에 한국 정부가 굴복한 것으로 받아들였고, 보수 언론들은 미국의 입장에 적극적으로 찬성하지 않은 것을 비판했습니다. 그러나 당시에도 그렇고 동북아 지역에서 전략적 유연성은 매우 중요한 개념이며 특히 한반도 지역에서 한국 정부의 입장을 반영할 것을 협상 내용에 추가했던 것은 필수적이었습니다. 이에 대해 중국 역시도 전략적 유연성을 인정했고 미국은 결과에 대해 불편함을 내비쳤지만 최종적으로 합의를 이뤄냈습니다. 물론 이러한 협의와 약속은 실제로 안보적 위협과 위기가 발생했을 시에는 무용지물이 될 수도 있습니다. 그러나 적어도 이를 대비하는 과정에서 우리의 역할을 강조하고 대비하는 것은 필수적이라고 생각합니다.

### 북한연구자가 바라보는 한국 외교

**황재호** 북한연구자가 바라보는 우리 외교정책이 궁금합니다. 우리의 대외정책은 아시아·태평양, 아시아, 동북아, 동아, 한반도 등 정권들마다 강조점이 달랐습니다. 우리의 전략적 환경을 고려할 때 어디에 중점을 두어야 할까요?

**이종석** 사실 한국 외교가 '북한' 문제에 몰두하고 있다고 이야기하지만 사실상 '북핵' 문제에 몰두하고 있는 것을 알아야 합니다. 우리의 외교가 한반도를 중심으로 확장형 동심원이 형성하여 나아가야 하는데 제약요인이 되는 것이 북핵 문제입니다. 한국의 외교 문제에서 북핵 문제와 연동되는 문제들이 상당하며  북핵 문제를 해결하기 위한 과정에서 북한, 중국, 미국 등과의 갈등이 발생하기도 합니다. 어느 정권도 북핵 문제를 해결하지 않은 상황에서 성공적인 대미, 대중, 대일 정책을 추진할 수는 없습니다. 물론 북핵 문제를 넘어서는 분야에서의 협력과 외교관계 역시도 매우 중요한 것은 사실이며 그러한 독립적인 외교도 필요하기는 합니다. 다만 이 과정에서도 중요한 것은 남북관계입니다. 한국의 외교 상황에서 남북관계가 어떠한 레버리지를 주는가를 생각해 볼 필요가 있습니다. 실제로 남북관계 상황에 따라 해외 외교공관의 위상이 달라집니다. 즉, 남북관계에 따라 한국 외교의 장의 폭이 달라지는 것입니다. 이렇듯 남북관계는 한국 외교에 있어서 매우 중요한 레버리지이며 이와 더불어 북핵 문제를 해결해 가는데 있어 노력을 기울이는 것이 주변국과 다른 국가들과의 외교에 큰 영향을 끼칩니다.

한 예로 북한 문제에 대해 한일관계가 양호한 상황이라면 한국과 일본이 대북관을 공유하고 이를 바탕으로 미국을 공동으로 설득하는 것이 가능할 것인데 지금은 미국의 목소리를 일본이 그대로 대변하고 있습니다. 이러한 상황에서 한일관계는 더 악화되고 있는 상황이라고 봅니다. 결론적으로 한국 외교와 대외관계의 주요한 요소는 남북관계의 해결입니다.

**황재호** 한미 워킹그룹(Korea-US Working Group)에 대해 어떻게 생각하시나요?

**이종석** 저는 한미 워킹그룹의 탄생부터가 잘못되었다고 생각합니다. 한미 워킹그룹 자체가 한국이 북한 문제 해결의 중심이 되는 것을 막기 위한 미국의 전략이었고, 이는 한미 안보관계와도 관련이 있습니다. 결국 미국은 북핵 문제의 해결에 있어 북한의 태도변화가 있지 않으면 남북관계의 개선이 바람직하지 않다는 입장을 가지고 있습니다. 우리가 이러한 미국의 입장을 전체적으로 수용하는 방향으로 나아가다 보니 남북관계 개선에 문제가 발생하게 된 것이고 이 때문에 결과적으로 문재인 정부의 대북정책의 성과가 희석된 측면이 있다고 생각합니다.

**황재호** 미중 대립은 북한에게 새로운 전략적 기회가 될까요? 대결적 미중관계는 남북관계에 원심력으로 작용할까요? 구심력으로 작용할까요?

**이종석** 미중 간 디커플링(decoupling)은 북한 핵 문제를 진전시키는 측면에서는 부정적인 영향을 미치는 것은 사실입니다. 물론 북한 핵 문제를 바라보는 관점에 있어 다양한 해석이 가능하기 때문에 북핵 문제는 배제하고 말씀드리겠습니다. 저는 미중 간 디커플링이 북한의 입장에서는 나쁘지 않은 상황이라고 봅니다. 사실상 미중 디커플링의 심화 자체가 대북 제재전선의 이완을 가져올 수밖에 없으며 더욱이 트럼프 정부는 중국의 체제 자체를 문제시하였으나 바이든 대통령은 트럼프 대통령보다 조금 더 노회하고 신중한 인물로 중국을 권위주의 국가라는 포괄적인 개념으로 통칭하고 있습니다. 이렇듯 트럼프 정권 때보다 상대방에 대한 경계 심리는 조금 이완시킨 측면이 있지만 여전히 미국은 중국을 불량국가로 몰아가는 경향을 가지고 있고, 중국의 입장에서는 미국과의 협력에 있어 한계를 느끼고 있는 상황입니다. 이렇듯 미중 디커플링 상황에서는 북한의 외교적 선택지가 늘어나는 것이기 때문에 북한에게는 비교적 좋은 상황입니다.

## 알래스카 회담과 미얀마 문제

**황재호** 미중 알래스카 외교회담을 보면서 미중 간 협력의 길이 아직 남아있다고 생각을 했습니다. 또한 다음날 중국 외교부는 기자회견을 통해 미국과의 협력의 장이 있다고 이야기하며 북핵 문제도 협력이 가능하다고 했습니다. 저는 이러한 미중 대립 속에서도 협력의 장이 어느 정도 열려 있겠다는 생각입니다.

**이종석** 저는 토니 블링컨의 말처럼 미중관계에는 대결갈등 구조, 협력 구조, 조정 구조를 모두 가지고 있다고 생각합니다. 아마 말씀하신 부분 역시도 협력적 요소로서 북핵 문제를 이야기 한 것으로 이해됩니다. 북핵 문제와 관련된 협력에 있어 미국은 중국이 제재 전선에 동참해주길 원할 것이고, 중국은 미국이 조금 더 탄력적이고 유연한 입장을 취해주기를 바랄 것입니다. 북핵 문제를 둘러싼 미중 협력분야에 있어 한 가지 다행스러운 것은 바이든 정부가 들어서면서 한미관계에서 우리가 조정할 수 있는 부분이 더 확대되었다는 점입니다. 한국 정부가 미국에게 북핵 문제의 탄력적인 접근을 요청할 여지가 늘어난 것은 긍정적이라고 할 수 있습니다.

**황재호** 최근 미얀마 혼란상황에 대한 우리 정부의 강경한 입장이 다소 의외란 시각이 있습니다. 우리의 대북정책에 부메랑이 될 가능성은 없나요?

**이종석** 우리 정부가 미얀마에서 벌어지고 있는 사태에 대해 강경한 입장을 취하는 것은 당연하다고 생각합니다. 인권은 국제사회에서 규정하는 기본적 권리이고, 국제사회의 일원으로 우리가 가능한 한 분명한 입장을 취하는 것은 중요한 원칙입니다. 다만 인권 문제가 외교 및 대외정책과 결부되었을 때는 전략적 측면을 신중하게 고려해야만 합니다. 가령 미국의 경우 북한의 인권 문제는 지속적으로 강하게 주장하는 반면 사우디아라비아에서 벌어지는 인권 문제에 대해서는 침묵하고 있습니다. 이렇듯 인권이 외교 및 대외정책과 연결될 시에는 선택적인 접근을 취하는 것입니다.

인권이 기본권이면서도 전략적 선택의 문제라는 것을 전제로 할 때, 한국에서 북한 인권 문제가 가지고 있는 양면성을 살펴보는 것이 매우 중요합니다. 역사적으로 북한의 인권 문제에 대한 언급은 과거 박정희 정권 시절부터 내정간섭의 문제에 포함되었습니다. 한반도에서는 여전히 갈등이 존재하고 있으며 수많은 사람들이 전쟁의 공포 속에서 평화를 갈구하고 있습니다. 저는 평화 자체를 추구하는 것 역시도 인권이라고 생각합니다. 제가 통일부장관 당시 북한에 쌀 지원을 약속하면서 미사일을 발사하게 되면 쌀 지급이 불가하다는 입장을 확실하게 밝혔습니다. 그러나 북한의 미사일 발사가 있었고, 실제로 쌀을 지급하지 않았습니다. 이로 인해 많은 진보 진영 및 언론에서 북한주민의 인권을 이야기하며 저를 비난했습니다. 말씀드린 것처럼 저는 평화도 인권이라고 생각합니다. 만약 북한의 미사일 발사로 인해 정신적 고통과 불안에 떠는 우리 국민의 인권도 매우 중요한 것입니다. 결과적으로 저는 남북관계가 개선되어야만 인권 문제에 대해서도 보다 넓은 장에서 이야기 할 수 있다고 생각합니다.

### 나는 '실사구시 삶을 추구하는 사람'

**황재호** 북한 문제를 보는 데 있어서 국제정치연구자들은 북한연구자들이 객관적 시각이 부족하다고 보는 데 비해 북한연구자들은 국제정치연구자들이 객관적 시각이 부족하다고 봅니다. 통일부장관과 국가안전보장회의(NSC) 상임위원장을 모두 역임하셨습니다. 양자 사이 학문적 갭, 정책적 갭은 없으셨는지요?

**이종석** 아무래도 학자로서의 삶보다는 국가 공무원으로 한국의 정책을 담당하는 삶을 살았던 시절은 보다 역동적이면서도 하루하루가 긴장의 나날들이었습니다. 학자와 정부 관료의 삶은 확연한 차이가 있고, 그 사이에서 갭이 발생할 수도 있었겠지만 저는 다행히도 제가 가지고 있던 지식들이 정책적인 삶에서 긍정적으로 활용되었다고 생각합니다. 정부에서 일하면서 제가 쌓아온 지식과 내용들이 큰 도움이 되었고 통일부와 국가안전보장회의에서 일했던 경험이 학자로 돌아와 삶을 사는 데도 긍정적인 영향을 미쳤습니다. 특히 제가 '칼날의 평화'를 집필하면서 느꼈던 것이 한 가지 있습니다. 제가 정부에서 일하면서 과거처럼 더욱 연구에 몰두하고 공부하는 시간은 줄어들었지만 현상과 사물을 바라보는 시각과 더불어 판단력 및 분석력은 이전보다 더 발전했다는 것입니다. 그리고 이러한 점들이 제 후속세대들에게 새로운 관점과 안목을 제시하고 전달하는데 큰 도움이 되고 있습니다.

**황재호** 장관님 스스로 자신을 정의하신다면 어떤 단어가 있을까요?

**이종석** 제가 삶을 살아오면서 가장 좋아하고 중요하게 생각하는 단어가 실사구시(實事求是)입니다. 사실에 입각하여 진리를 탐구하는 태도는 제가 공부하고 연구하던 시절과 더불어 정부에서의 생활에서도 가장 중요하게 생각했던 자세입니다. 이러한 점을 고려하면 저는 실사구시적 삶을 추구하는 사람으로 정의할 수 있습니다.

추가로 제가 학자의 삶과 정부 관료의 삶 모두를 경험하면서 느낀 점이 한 가지 더 있습니다. 국제정치만 연구하게 되면 각 나라의 지역 사정을 정확하게 파악할 수 없고, 지역 전문가로만 활동하다 보면 보편성을 파악하기 어렵다는 점입니다. 그러므로 각각의 단점들을 보완하기 위해서는 결과적으로 실사구시의 노력과 이론공부로 접점을 이루어야 한다는 생각을 하게 되었습니다.

제6장

# 중국은 미국 주도 세계질서 대체 어려워

**하영선** 서울대 명예교수

**하영선** 현재 서울대학교 정치외교학부 명예교수와 동아시아연구원 이사장을 맡고 있다. 서울대학교 외교학과를 졸업하고 동 대학원에서 정치학 석사학위를, 미국 워싱턴대학교에서 국제정치학 박사학위를 받았다. 미국 프린스턴대학교 국제문제연구소, 스톡홀름 국제평화연구소, 일본 도쿄대학교 동양문화연구소에서 초청연구원을 하였으며, 서울대학교 국제문제연구소 소장, 서울대학교 미국학연구소 소장, 한국평화학회 회장, 대통령국가안보자문, 통일준비위원회 외교안보분야 민간위원, 남북정상회담 준비위원회 원로자문회의 위원을 역임했다. 저서로는 "사랑의 세계정치: 전쟁과 평화(2019)" 등이 있다.

©김현민 기자

## 세계질서는 재건축중

**황재호** 교수님께서는 오랫동안 세계질서 재건축론에 대해 말씀해 오셨습니다.

**하영선** 아직까지 국내사회에서 지구적, 국제적 차원의 재건축에 대해 관심을 가지고 있는 실천적인 정책 담당자나 학자들의 수는 적습니다. 세계질서 재건축론을 설명하기 위해서는 먼저 왜 건축이라는 단어를 사용하는지를 알아야 합니다. 국제정치에서 건축이라는 단어가 학계에서 조심스럽게 사용되기 시작한 것은 2000년대 초반입니다. 되돌아보면 우리는 탈냉전과 1991년 소련이 러시아로 전환된 상황을 맞이한 후 세계질서의 미래에 대해 상당히 단순한 사고를 가지고 있었습니다. 당시에는 미국과 함께 세계질서를 이끌었던 한 축인 소련이 붕괴되었기 때문에 미국이 선도 또는 주도하는 형태의 지구화를 통해 세계질서가 개편될 것이라는 상당한 낙관론이 지배적이었습니다. 대표적으로 1992년 프랜시스 후쿠야마(Francis Fukuyama) 교수가 출판한 『역사의 종말』(The End of History)에는 이러한 내용이 잘 나타나 있습니다. 그러나 약 10년이 지난 이후 2001년부터 테러와의 전쟁이 시작되었고, 2008년 세계 금융위기를 맞아 미국이 선도 또는 주도하는 형태의 세계질서에 균열이 발생했습니다. 중국은 세계 금융위기에서 비교적 성공적으로 벗어났지만 미국을 비롯한 다른 국가들은 1929년 세계 대공황에 버금가는 혼란과 어려움을 겪었습니다. 참고로 저는 최근 발생한 코로나 사태와 같은 팬데믹도 근대질서가 쌓아온 자기모순이 이곳저곳에서 곪아터져서 발생한 현상 중 하나로 봅니다.

**황재호** 현재 세계질서에서 (재)건축이 진행되고 있는 것인지, 진행 중이라면 전면적인 신축인지 부분적 개축인지, 또는 여전히 설계단계에 불과한 것인지 여쭤보고 싶습니다.

**하영선** 질문처럼 세계질서의 재건축 단계가 어느 단계에 와있는가에 대해서는 다음과 같이 답변드릴 수 있을 것 같습니다. 세계질서의 재건축에 관한 논의 단계는 현재까지 국내 수준에서는 세력전이모델 정도에서 멈춰있으며, 이는 매우 단순하고 초보적인 단계입니다. 세계질서의 재건축에 대해 조금 더 세부적으로 들여다보면 역사적으로 세계질서의 신축은 세계적인 규모의 전쟁이 발생한 이후에 나타났습니다. 제1, 2차 세계대전 이후 미국이라는 새로운 강대국이 형성되었고, 미국은 구질서를 타파하고 신질서를 형성하여 신축을 이루어냈습니다. 세계질서의 재건축의 주기가 약 100년이라고 고려했을 때 과연 2021년 현재 그리고 미래의 세계질서는 어떻게 될 것인가를 살펴보는 것이 중요할 것입니다. 저는 현재의 세계질서 상황을 재건축으로 바라보고 있습니다. 세계질서의 한 축은 미국으로 여전히 초강대국으로서의 지위를 유지하고 있으며, 중국이 과거 냉전시기 소련의 지위를 대체하고 있습니다.

그렇다면 현재의 세계질서를 신축이 아닌 재건축 단계라고 보았을 때 재건축이 얼마나 진행되고 있는가를 살펴보아야 합니다. 세계질서 재건축의 중심역할을 하는 국가는 현재의 상황을 유지하려고 하는 미국이며, 이에 반해 조심스럽게 현재 세계질서에 도전 또는 변화를 주려는 국가가 중국입니다. 그리고 미중 양국을 제외한 주요 국가 및 정치단위체들이 재건축의 일원이 되고자 역동적으로 활동하고 있는 모습이 나타나고 있습니다. 많은 사람들이 현재 미중관계 상황을 제2의 냉전 또는 신냉전으로 부르고 있습니다. 그런데 여기서 명심해야 할 점은 1945년 이후 미소관계, 미중관계의 시기가 100년이 되지 않았다는 것입니다.

**황재호** 이러한 상황에서 현재 미국이 상대적으로 물리력의 쇠퇴를 겪고 있는 와중에 중국이 신흥대국으로의 굴기와 성장을 거듭하고 있습니다.

**하영선** 우리는 21세기 문명의 틀로 앞으로의 세계질서를 미중이 어떻게 만들어 나가는지에 대해 조심스럽게 연구할 필요가 있습니다. 또한 국제정치를 하나의 무대라고 가정했을 때, 미국의 바이든 대통령이나 중국의 시진핑 주석, 그리고 미국과 중국의 주요 관료들의 발언들을 살펴보면 주인공, 무대, 연기에 대해 전통적인 방식으로 분석하는 것에는 한계가 나타나고 있습니다. 그만큼 세계질서의 복잡성이 증가하고 있는 것입니다. 종합하면 현재의 세계질서는 신축의 형태로 보긴 어렵고, 재건축으로 바라봐야 하며 재건축이 상당히 진행된 단계에 들어섰다는 것입니다. 재건축 상황에서 바이든 대통령은 동맹을 강조하고 있고, 시진핑 주석은 다자주의를 강조하고 있습니다. 이는 세계질서 재건축 과정에서 주인공은 미국과 중국이지만 과거와 달리 한 국가가 재건축을 이뤄낼 수 없다는 것을 보여주는 증거입니다. 그리고 미중 간 경쟁 및 갈등의 양상도 단순히 군사, 경제 분야에 국한된 것이 아니라 기술, 환경, 문화 등 매우 복잡하게 나타나고 있으며, 재건축 과정도 역시도 마찬가지입니다.

**황재호** 미국과 중국에 대해 말씀해주셨는데 이 두 국가들 말고 제3국이 재건축의 주인공이 될 가능성은 없을까요?

**하영선** 시기를 어떻게 전망하는가에 따라 달라질 것입니다. 통계를 기반으로 살펴보면 인도가 장기적으로 변수가 될 수 있는 국가입니다. 현재 인도는 국가발전과정에서 한계점도 노출하고 있는 것이 사실이지만 인구가 계속해서 증가하고 있고, 이를 바탕으로 경제성장이 지속된다면 2050년쯤에는 인도의 명목GDP 규모가 미국, 중국을 초월할 것으로 예상됩니다.

한 가지 확실한 것은 과거 냉전 초기에는 미소 중심으로 수직적 구조가 형성되었다면 현재는 세계질서의 주기 100년의 후반기에 들어섰기 때문에 미중 양국이 모두 자신들의 진영을 확대해야 한다는 것을 이해하고 있다는 것입니다. 트럼프 대통령은 미국 우선주의(America First)를 내세우며 단기적인 처방을 내렸지만 기본적으로 이러한 단편적 전략은 오히려 빠른 쇠퇴를 가지고 옵니다. 그렇기 때문에 바이든 대통령은 미국 자체의 중요성과 더불어 동맹을 강조하고 있으며 중국은 이에 대응하여 미국의 종합 국력에 대한 면밀한 검토를 하고 있습니다. 이러한 상황에서 앞으로는 중견국의 역할이 상대적으로 더 커질 것이기 때문에 우리는 어느 상황에서 어떠한 방식으로 세계질서 무대에 참여하고 또는 물러설지를 신중하게 고려해야 합니다.

**황재호** 말씀하신 부분을 듣고 느끼는 것은 앞으로는 세력 간 경쟁으로 인한 세계질서 변화 가능성입니다. 현재 중국은 동맹을 맺는 부분에서는 부족한 것이 사실이며, 대신에 다자주의를 강조하고 있습니다. 미국 역시도 동맹과 다자주의를 이야기 하고 있습니다. 2050년을 말씀하셨는데 주요 두 국가는 미국과 중국이라는 가정하에 인도가 리더십을 발휘하고 세력화할 수 있을 것인가가 중요한 것 같습니다. 앞으로 인도가 그러한 역량을 갖추고 있다고 생각하시나요?

**하영선** 시기를 어떻게 잡는가가 중요합니다. 2050년으로 시기를 설정한다면 미국과 중국 중 어떤 국가가 넓은 의미에서 새로운 문명의 주도권을 장악하여 나머지 국가들과 응집할 것인가가 전체 판을 구성하는 가장 중요한 요소가 될 것입니다. 그러나 미국과 중국을 제외한 다른 국가의 입장에서 보면 현재 미국이 내걸고 있는 새로운 문명 표준의 모델과 중국이 내걸고 있는 소위 신형국제관계, 신형대국관계, 신형주변국관계를 통한 인류공동체 가치 달성과 같은 모델들도 불만족스러운 부분이 많을 것입니다. 미국과 중국의 입장에서는 이러한 국가들을 자신의 진영에 포섭하기 위해 노력할 필요가 있고, 앞으로 미국과 중국이 내걸고 있는 모델에 중견국들이 어떻게 대응하고 참여할 것인가가 관건이 될 것입니다.

## 시험대에 놓인 미국 리더십

**황재호** 트럼프 대통령 4년 동안 미국은 고립주의를 택하고 이를 심화시켜 왔습니다. 그러나 바이든 대통령이 취임하면서 세계질서에서 미국의 리더십을 다시 회복하는 데 집중하고 있는 것으로 보입니다. 바이든 외교가 이전 트럼프 외교 4년의 문제점들을 복구하고, 글로벌 리더십을 회복하여 미국이 단독으로 주도하는 국제질서를 다시 한번 구축할 가능성이 있는지 또는 트럼프 대통령 4년의 문제들이 바탕이 되어 국제질서의 변화 흐름에 따라갈 수밖에 없는 입장이 될 것인지 궁금합니다.

**하영선** 바이든 대통령은 현재 중요한 실험 무대 앞에서 서있습니다. 먼저 트럼프 대통령의 미국 우선주의 방식은 단기적으로는 미국 내 결속력을 강화하고 미국의 국가이익을 최우선하는 것이었습니다. 이를 바탕으로 국제사회에서 힘을 통한 평화를 추구했습니다. 저는 이러한 트럼프 대통령의 정책이 단기적으로는 일부 공감대를 형성할 수는 있겠지만 장기적으로는 오히려 미국의 쇠퇴시기를 앞당기는 정책이었다고 생각합니다. 이러한 측면에서 바이든 대통령이 현재 내걸고 있는 구호는 트럼프 대통령의 구호와는 다른 모습을 보여주고 있습니다.

바이든 대통령은 미국이 단독으로 주도하는 세계질서 대신 가치와 규범, 민주주의를 강조하며 이를 공유하는 국가군들과의 동맹을 통해 진영을 넓히려는 정책을 펼치고 있습니다. 이러한 측면을 고려했을 때, 바이든 대통령은 미국의 급격한 쇠퇴를 완화하기 위한 노력을 하고 있다고 볼 수 있습니다. 그리고 앞으로 이러한 정책들이 얼마나 효과적으로 작동할 것인지는 지켜보아야겠지만 지금까지 바이든 대통령의 정책을 구성하고 실행하는 데 중요한 역할을 하고 있는 인물이 커트 캠벨입니다. 커트 캠벨이 제이크 설리번 등과 함께 작성한 글들을 살펴보면 중국과의 경쟁은 불가피하나 이것이 양국 또는 세계질서에 위기를 가져오지 않는 방향으로 가야 한다는 내용을 담고 있습니다. 앞으로 바이든 대통령이 강조하는 21세기에도 여전히 미국은 강하다는 명제를 계속해서 지켜나가기 위해서는 다른 국가들로 하여금 아직까지 미국이 아닌 중국 중심의 세계질서와 관련된 판을 구성하고 전략을 구상하는 것은 바람직하지 않다는 것을 인식시켜줄 필요가 있습니다.

**황재호** 이를 위해서 미국이 조금 더 노력할 부분은 뭘까요? 예를 들어, 바이든 대통령 임기 초기에 대통령 인수위 웹사이트의 제목이 미국 리더십의 회복(Restoring American leadership)이었습니다. 이에 대해 저는 세계질서 100년 주기가 후반기에 들어선 현재 상황에서 과거로 회귀하는 '회복'이라는 표현을 사용한 것이 적절하지 않다는 생각을 했습니다. 미국 국내에서도 전문가들을 중심으로 이에 대한 자성의 목소리가 있었고, 과거지향적 표현인 회복보다는 재건축 또는 갱신이라는 표현으로 바뀌고 있습니다. 만약 미국이 재건축 또는 갱신을 하려 한다면 이를 위한 준비단계와 과정은 과거보다 상당히 복잡해질 것입니다. 왜냐하면 이 과정에서는 중견국을 포함한 여러 국가들까지도 포용해야 하기 때문입니다. 저는 중국에 대해서도 동일한 생각을 가지고 있습니다. 시진핑 주석이 첫 취임 당시 강조했던 것이 중화민족의 위대한 부흥이었습니다. 중화민족의 위대한 부흥을 위해서는 중화를 넘어선 포용과 전략이 필요합니다.

**황재호** 이번 미중 알래스카 회담이 바이든 대통령 취임 이후 미국 외교팀의 첫 데뷔무대였다는 점에서 저 역시도 흥미롭게 지켜보았습니다. 저는 바이든 외교팀의 어조가 트럼프 대통령 당시와 마찬가지로 단호했고, 어쩌면 포스트 바이든 시대 역시도 트럼프 대통령과 바이든 대통령의 외교가 혼합 형태로 나타나지 않을까 생각을 해봤습니다. 교수님께서는 트럼프와 바이든 시기가 세계사 또는 미국 외교사에서 볼 때 어떻게 정의를 내릴 수 있다고 보시나요?

**하영선** 굉장히 중요한 질문을 해주셨습니다. 현재 국제정치에서 벌어지고 있는 실험들을 살펴볼 때, 세계질서 주기의 후반기에서 벌어지는 급격한 세력전이 또는 군사적 갈등이 쉽게 발생할 것으로 생각되지는 않습니다. 대신 여러 분야에서의 갈등 및 경쟁이 복합적으로 진행될 가능성이 높습니다. 첫 번째로 이러한 갈등 및 경쟁이 진행될 분야는 가치규범과 관련된 문제입니다. 이러한 분야에서 소위 비정당화 또는 비정통화의 과정이 벌어질 것이고, 갈등이 증폭될 경우에 군사적 갈등으로 범위가 확대될 수 있습니다. 2050년 또는 2100년을 내다볼 때, 만약 군사적인 충돌이 발생한다면 궁극적으로 미국과 중국 모두가 예측하지 못하는 방향으로 결과가 나타날 수 있습니다. 또한 미국이 현재 세계질서에서 가지고 있는 지위와 영향력을 유지하기 위해서는 트럼프와 바이든 시대의 외교적 실험을 넘어선 보다 과감한 실험이 이루어져야 한다고 생각합니다. 트럼프 대통령은 아시아·태평양 대신 인도·태평양이라는 개념을 사용했습니다. 그리고 이는 경제를 넘어 군사적 의미로 확장되었고, 바이든 대통령 역시도 이를 효과적으로 사용할 필요성을 느끼고 있을 것입니다. 이처럼 앞으로 미국의 대중정책 기조, 세계질서에 대한 개념 확대 등 새로운 방향성을 제시하는 것이 미국이 가지고 있는 숙제입니다.

## 인도·태평양과 신형국제관계

**황재호** 저는 인도·태평양이라는 용어가 나왔을 때, 미국의 조급한 속내가 그대로 드러난 수세적인 표현이라고 생각했습니다. 왜냐하면 미국이 가지고 있던 아시아·태평양 개념으로는 더 이상 충분하지 않다는 것을 의미하기 때문입니다. 교수님이 생각하시기에 중국이 제시하는 신형국제관계는 미국이 강조하고 있는 세계질서 체제의 구상과 상충되는 측면이 강한 것인지 아니면 보완되는 측면이 강한 것인지 궁금합니다.

**하영선** 물론 상충되는 부분, 보완되는 부분이 모두 있을 것으로 생각합니다. 중국은 신형대국관계를 먼저 발표하고, 2014년 신형국제관계를 발표했습니다. 저는 이 개념이 단순히 용어로서의 가치뿐 아니라 중국의 실질적인 외교정책과 밀접한 관계가 있다고 생각합니다. 앞으로 중국이 21세기 중반, 또는 후반 세계질서를 어떻게 인식하고, 그것에 따라 정책을 시행할지가 신형대국관계, 신형국제관계라는 개념에 잘 나타나 있다고 봅니다.

신형국제관계 개념을 신형대국관계와 신형주변국관계로 구분할 때, 미국의 구상과 보완되는 측면이 충분히 존재합니다. 신형대국관계의 3원칙으로는 불충돌, 불대항, 상호존중 및 공동번영협력이 있으며 이러한 원칙들은 아직까지 중국이 미국과의 전면적인 군사적 충돌을 원하지 않는다는 것을 잘 보여줍니다. 예를 들어, 중국의 2021년 국방 예산은 공식적으로는 2,100억 달러이며 크게 2,500-3,000억 달러로 고려해도 미국의 2021년 국방 예산 7,500억 달러에 비하면 3분의 1 수준에 불과합니다.

**황재호** 따라서 중국의 입장에서 현재 단계에서 미국과 군사력 대결이 벌어지는 것은 바람직하지 않을 것 같습니다.

**하영선** 그렇습니다. 또한 미중 알래스카 회담의 비공식 회의 내용을 보면 굉장히 흥미로운 부분이 있습니다. 당시 중국은 미국에게 신형대국관계와 신형주변국관계의 원칙을 동시에 제시했고 중국이 집중하는 부분은 주권, 안전, 그리고 발전이라는 것을 강조했습니다. 그리고 미국이 이 부분에 개입할 시, 좌시하지 않을 것임을 밝혔습니다. 결과적으로 중국은 미국과 군사적으로 정면충돌하지 않는 한도에서 적절한 군사적 대응도 염두에 두고 있음을 알 수 있습니다. 또한 미국과 중국 간의 무역 전쟁이라는 표현이 대중적으로 퍼져있는데 이 역시도 뚜렷한 전쟁의 양상이 나타나지는 않고 있습니다. 미중 간 경제는 밀접하게 연결되어 있으며, 만약 미국이 트럼프 대통령 당시의 말처럼 관세를 25%를 부과하게 되면 미국 역시도 엄청난 경제적 손실을 입게 되기 때문입니다. 또한 코로나 사태와 같은 팬데믹이 경제에 영향을 미치면서 미중 간 소위 무역 전쟁의 양상도 한풀 꺾인 경향이 있습니다. 무역 전쟁은 다시 기술 전쟁으로 용어가 변화하였는데 이 역시도 중국의 기술 규모가 매우 커진 현재 상황을 고려하면 전쟁까지 가기는 어렵습니다. 결과적으로 우리가 이야기하는 미중 디커플링이 극단적으로 발생할 가능성은 매우 낮습니다. 그러나 아까도 말씀드린 것처럼 미국이 중국의 주권, 안전, 발전과 관련된 부분에 개입한다면 중국 역시도 어느 정도의 무력충돌을 각오할 가능성이 있습니다.

우리의 입장에서는 미중관계를 갈등 또는 협력과 같이 이분법적으로 단순하게 바라보는 것이 아니라 복합적으로 주도면밀하게 살펴보는 자세가 필요합니다. 단적인 예로 국내 언론들은 알래스카 회담의 1시간짜리 공식 내용에만 집중하고 보도했는데 실질적인 내면의 이야기가 논의된 9시간의 비공식 내용에 대해서는 전혀 보도되거나 취재된 바가 없습니다. 이것은 바람직하지 않습니다.

### 사랑의 세계정치와 한국

**황재호** 그렇다면 한국은 재건축 초기부터 공동 참여하는 것이 바람직한 것인지 아니면 상황을 지켜보고 마지막 순간에 참여하는 것이 나을까요?

**하영선** 만약 우리가 어느 시기에 재건축 과정에 참여해야 한다면 시기를 불문하고 최소한의 예비 타당성 검사가 필요하다고 생각합니다. 이것은 우리가 미국의 편에서 참여하는 것 그리고 중국의 편에서 참여하는 것 모두에 해당하는 사항입니다. 우리가 포기해야 할 부분이 무엇인지 그리고 어떤 이익을 단기적,

장기적으로 취할 수 있을지 등에 관한 최소한의 계산이 이루어진 상태에서 참여하는 것이 바람직합니다. 이러한 계산을 위해서는 우선적으로 미중관계가 진행되고 있는 판을 제대로 파악하는 것이 중요합니다. 그러나 아직까지 국내에서 미중관계를 바라보는 관점은 굉장히 관념적인 부분이 강합니다. 미국과 형성해온 동맹의 역사 등을 고려하는 것도 중요하지만 실질적으로 국익에 도움이 되는 방향으로 정책을 주도해 나가야 합니다. 이를 위해 말씀드린 것처럼 예비 타당성 검사가 필요하며 이를 통해 국내정치적으로 국민들을 설득하고 정책을 추진할 필요가 있습니다.

**황재호** 국제정치의 체제 중 단극체제, 양극체제, 다극체제 중 한국에서 있어서 가장 유리한 체제는 무엇일까요?

**하영선** 제가 집필한 『사랑의 세계정치』라는 책의 첫 장 제목은 사랑의 세계정치학이고, 마지막 장의 제목은 꿈의 세계정치학입니다. 제가 꿈의 세계정치학을 다루면서 강조했던 부분이 복합의 세계정치학이 필요하다는 것이었습니다. 사랑이라고 하는 것은 극단적으로 표현하면 자아를 포기하고 타자의 존재를 완전하게 만드는 과정에서 새로운 존재가 탄생한다는 의미입니다. 이렇듯 사랑의 국제정치가 꿈의 국제정치가 되기 위해서 필요한 것이 복합이며, 복합으로 나아가기 위해서는 훨씬 더 다양한 행위자들이 개별적으로 혹은 집단적으로 상호작용하는 과정을 겪어야 한다고 생각합니다. 이러한 복합성을 갖추지 못한다면 앞으로의 세계질서는 궁극적으로 비극을 맞이할 것이라고 봅니다.

## 문재인 정부 외교의 한국사적 의미

**황재호** 이번 정부의 대외정책, 대북정책은 세계사나 한국사 차원에서 어떤 평가를 받을 수 있을까요?

**하영선** 제가 과거 한국 외교사를 강의하면서 언론을 통해 한국 외교의 현실을 19세기 외교와 비유해서 설명했던 적이 있는데 지금은 그와 같은 발언에 대한 약간의 죄책감도 느끼고 있습니다. 왜냐하면 19세기 그리고 21세기의 역사를 꼼꼼하게 집중적으로 공부하지 않고 비교하게 되면 오류가 발생하기 때문입니다. 그럼에도 불구하고 19세기 한국의 외교와 현대 한국 외교 사이에는 일정한 연관성이 존재합니다.

19세기 말 조선의 외교적 상황을 평가할 때, 오늘날 우리의 외교가 가지고 있는 3가지 딜레마가 당시에도 유사하게 존재했음을 알 수 있습니다. 첫째, 당대 세계질서 변화를 읽어내는 안목이 충분했는가? 그리고 이러한 측면에서 합격점을 받을 수 있는가? 입니다. 저는 당시 조선이 처했던 세계질서와 변화가 전통적인 천하질서가 서양 근대질서로 이동하는 과정에서 서양이 가지고 있었던 장점을 적극적으로 도입해서 우리에 맞게 실천적으로 활용되지 못했다는 점을 안타깝게 생각합니다. 따라서 시대를 바라보고 세계질서의 변화를 꿰뚫는 안목이 외교를 평가하는 채점표의 한 부분이라고 생각합니다. 둘째, 세계질서 변화를 바라보는 안목을 바탕으로 국제역량을 얼마나 효율적으로 활용해 낼 능력이 있는가? 입니다. 19세기 상황을 살펴보면 조선에서는 전통적으로 청나라 세력이 있었고, 일본 및 서양을 지지하는 세력으로 나뉘었습니다. 이러한 상황에서 유길준이 주장했던 양절체제(兩截體制. 중국과는 전통 조공관계를 유지하되 동시 다른 국가들과는 근대 국제관계를 키워 나감)와 같이 이들을 어떻게 활용할 수 있는가에 대해 실천적인 방안이 마련되지 못했습니다. 물론 당시 고종 역시도 이에 대한 고민을 가지고 노력했던 부분이 사실입니다만 국제정치에서는 의도보다도 결과가 중요합니다. 셋째, 국내역량을 어떻게 결합시킬 것인가? 입니다. 이 역시도 굉장히 중요한 부분입니다. 앞서 말씀드린 것처럼 세계질서를 바라보는 안목, 국제역량의 활용이 이루어져도 이것이 결과적으로 국내역량으로 응축되어 발현되지 않으면 무용지물이 됩니다. 19세기 당시 위정척사파, 개화파, 동학 운동을 중심으로 각각 개별적인 노력이 이루어진 것이 사실이지만 이것들을 하나로 응축하여 통합할 수 있는 역량을 갖추지 못했습니다. 그 결과 우리는 국제무대에서 밀려나 쓸쓸히 퇴장할 수밖에 없었습니다.

**황재호** 이러한 3가지 외교적 딜레마와 이와 연관된 채점표는 오늘날 우리에게 동일하게 적용할 수 있겠습니다.

**하영선** 어찌 보면 꿈같은 이야기지만 21세기 그리고 2021년의 리더십을 이야기하기 위해서는 적어도 21세기가 어디로 가고 있는지에 대해 선도적으로 대세와 흐름을 읽는 안목이 있는가를 살펴보아야 합니다. 앞서 재건축에 대해서도 말씀드렸지만 21세기는 전통적인 근대 국제정치질서가 가졌던 단순국제정치에서 협력, 경쟁, 갈등이 난무하는 복합 세계정치로 넘어가는 과정에 있습니다. 예를 들어, 저는 개인적으로 BTS는 세계적으로 높은 인기를 구가하고 있는 데 비해 왜 우리 한국정치인들은 인기가 없을까? 생각을 해 보았습니다. BTS는 신문명의 복합성을 그들의 춤, 노래가사 등에 일정 부분 포함하고 있습니다. 그렇기 때문에 전 세계적인 인기를 끌고 있는 것입니다. 그렇다면 한국의 정치인들은 왜 그렇게 하지 못 하는가 고민해 볼 필요가 있습니다.

## 세계질서와 국제정치 속 한국 외교

**황재호** 이번 정부를 포함하여 교수님께서 말씀하신 세계질서와 국제정치 속에서 한국 외교의 성과는 무엇이며 나아가 한국 외교에 점수를 매기자면 어떻게 될까요?

**하영선** 저는 이번 정부는 물론이고, 이전 한국 정부들 역시도 세계질서와 국제정치를 바라보는 안목에 대해서는 충분한 합격점을 주기가 어렵습니다. 기본적으로 이번 정부는 바이든 대통령과 시진핑 주석 간의 관계를 제대로 파악하지 못하고 있습니다. 또한 국제정치 문제를 남북관계의 시각을 중심으로 풀어나가려는 경향이 크기 때문에 상대적으로 복합적인 변화를 적극적으로 읽어내고 미리 앞서가려고 하는 노력이 부족하다고 봅니다. 그리고 이러한 낮은 평가에 대한 근본적인 책임은 우리 역사 자체에서 기인합니다.

한국이 고도의 민주주의 체제를 확립하기 위해 1970-80년대 권위주의 정권과 투쟁했던 분들이 현재 한국 정치의 중심에 서있고, 그들의 노력은 존경받아 마땅합니다. 그러나 이들이 쌓아온 세계질서를 바라보는 안목, 남북관계를 바라보는 비전, 국내정치 권력의 양극화를 풀어나가는 방식은 격변을 겪고 있는 현재의 복합적인 세계질서를 이해하는 데 한계가 있습니다. 그나마 남북관계 정도만이 변동의 폭이 상대적으로 적은 부분일 것입니다. 따라서 이러한 측면에서 볼 때, 한국 현대사의 응축적인 변화를 겪어야 했던 한 세대가 다시 태어나지 못하고 오늘날 과부화된 과정에서 발생하는 필연적인 문제입니다. 100년 후에 2021년 상황을 평가한다면 우리가 파악하고 있는 세계질서를 바라보는 안목 역시도 높은 점수를 받기는 어려울 것입니다.

**황재호** 북한의 경우는 어떤가요?

**하영선** 우리보다 더 심각한 상황에 높여 있다고 생각합니다. 북한이 세계질서를 바라보는 안목의 기본적인 지평은 1960년대 3대 혁명역량강화라는 틀에 여전히 갇혀 있습니다. 북한은 국제역량을 파악할 때, 반외세, 자주적인 시각에서만 바라보는 경향이 있습니다. 그러나 말씀드렸듯이 21세기는 반외세, 자주만으로는 생존이 불가능합니다. 어쩌면 21세기는 모두가 주인인 공주의 시대로 들어섰다고 볼 수 있습니다. 그렇기 때문에 이분법적 시각을 벗어난 복합적 논리와 안목이 더욱 더 중요해지고 있습니다. 통일 문제 역시도 우리 민족이 가진 근대적인 과제로서 해결해야 할 필요성이 있는 것은 사실이나 무조건적인 통일은 불가능합니다. 미래에 통일이라는 역사적 사건이 우리 역사에 다가올 시기가 있을 것이고, 이를 위해 보다 면밀하게 준비하고 기다리는 것이 필요합니다.

**황재호** 또한 역설적으로 한반도 평화와 통일을 위해 우리가 21세기 100년을 어떻게 준비해야 할까요?

**하영선** 이 문제는 미중관계 속에서 천하통일이 어떻게 이루어지는지와 밀접하게 연결되어 있습니다. 사실 2021년 현재쯤이면 이미 천하통일 그리고 한반도 평화에 관한 국내수준의 예비 타당성 검토가 이미 이루어졌어야 합니다만 현실은 그렇지 못했습니다. 가령 쿼드 또는 쿼드 플러스 문제만 하더라도 미국과 중국은 한국이 처한 상황을 잘 파악하고 있습니다. 미국이 주도하는 쿼드 또는 쿼드 플러스를 구체적으로 살펴보면 공식적으로는 국제사회의 공동 이슈인 팬데믹, 기후변화 등의 가치를 제기하고 이에 대해 정당성을 제시하고 있습니다. 그 후에 안보적으로 중국을 견제하고 세계질서의 주도적 역할을 하려고 하는 것이 미국의 입장인 것입니다. 이러한 흐름들을 면밀하게 파악해야 합니다. 과거 유길준의 양절체제, 그보다 한 세기 전 연암 박지원의 열하일기에서 대중정책의 일환으로 제시되었던, 현대적으로 표현하자면 네트워크 외교와 같이 복합성을 고려한 세계질서 인식이 필수적인 것입니다. 특히 미중관계의 흐름 속에서도 중국을 활용해서 미국을 견제하고, 미국을 활용해서 중국을 견제하는 단순한 방식이 아닌 안보, 경제 등을 포함한 전체적인 시각에서 외교관계를 조감하고 풀어가야 할 필요가 있습니다.

## 안미경중과 연미합중

**황재호** 국제정치와 세계질서 속에서 미중갈등이 심화되고 복합적으로 얽혀있다고 말씀하셨습니다. 이러한 상황에서 안미경중(安美經中)과 같은 표현은 더 이상 의미가 없는 것인가요?

**하영선** 저는 언론에서 주로 사용되는 안미경중이라는 표현은 바람직하지 않은 표현이라고 생각합니다. 안미경중이라는 표현처럼 국제정치를 단순하게 이분법적으로 바라보는 것은 한 국면을 이해하는 데 도움이 될 수는 있지만 판 전체를 읽기에는 매우 부족합니다. 그렇기 때문에 언론, 학계, 정부에서는 안미경중의 단편적인 사고에서 벗어나 미중관계를 복합적으로 고려할 필요가 있습니다. 현재 미중 디커플링의 문제는 매우 복잡한 상황이며 특히 상호의존성이 매우 높은 경제 분야에서 우리가 한쪽의 편에 서는 것은 불가능하다는 점을 명심해야 합니다.

**황재호** 한국에서는 안미경중이라는 용어가 자주 사용되고 있고 결미연중(結美聯中)이라는 표현도 많이 사용되고 있습니다. 그런데 중국에서는 연이 동맹을 의미합니다. 즉, 중국과 동맹을 맺어야 한다는 것으로 이해되는 것입니다. 또한 결은 결속을 의미하며 동반자 관계를 의미합니다. 이렇듯 각국의 문화에 따라 용어에 대한 이해가 달라지는 것 같습니다. 그래서 저는 한중 전략적 협력동반자의 협력이 합작(合作)으로 사용하는 것에 의거해 연미합중(聯美合中)이라는 표현을 사용해봅니다.

**하영선** 말씀하신 표현이 현재 우리가 처한 복합적인 상황의 여러 측면을 고려할 때 가장 적합할 수 있다고 생각합니다. 즉, 미중 사이에서 유지할 부분을 유지하고, 맺고 끊는 것을 신중하고 복합적으로 고려해야 합니다. 그리고 그것이 현실외교 반영될 때는 나름대로의 일관성이 기반이 되어야만합니다. 이것이 가능하다면 저는 미국과 중국의 입장에서도 한국의 외교정책에 대해 큰 불만을 가지지 않을 것이라고 봅니다. 국제정치는 비대칭적인 특성이 강하게 나타나기 때문에 한 문제를 바라볼 때, 하위 문제만 파악하는 것이 아닌 큰 틀에서 바라보는 안목이 필요합니다.

### 링커 국가로서 한국

**황재호** 저는 교수님께서 책과 인터뷰에서 말씀하신 링커(linker) 국가라는 표현에 크게 공감하였습니다. 말씀하신 것에 의거하면 링커 국가는 대국과 소국을 연결하는 국가를 의미하는데 역사적으로 어떤 국가가 이러한 모습에 가장 근접했나요?

**하영선** 만약 천하질서가 양두체제로 진행되어 간다면 실질적으로 세계질서 및 국제사회에서 발생하는 문제들이 쉽사리 해결되지는 않을 것입니다. 더구나 21세기 세계질서 속에서 미중과 같은 주도국 사이의 거대한 충돌이 발생한다면 전 지구적인 혼란과 딜레마가 발생할 것입니다. 이러한 상황에서 일정 국가군들이 미중을 넘어선 참여와 관여를 하는 것은 필수적이며, 불가피합니다. 설사 주도국 간 전쟁을 통해 세계질서가 전승국 중심으로 재편되는 현상이 발생한다면 시간이 지날수록 공공재 생산의 이익을 누군가가 더 많이 차지하게 될 것이고 또 다른 갈등이 발생하게 될 것입니다. 그렇다면 그때 발생하는 갈등은 또 어떻게 해결할 것인가? 이러한 문제들이 계속해서 반복됩니다. 그러므로 미중이 갈등을 지속하게 된다면 호리공영이 아닌 상호공멸의 길로 접어들 것입니다. 그러므로 이를 조정하고 막기 위해 링커 국가들의 역할이 더욱 강조되는 것입니다.

과거 역사를 살펴보면 링커 국가의 역할을 했던 국가가 있습니다. 바로 핀란드입니다. 냉전 질서가 해체되기 전인 1975년 헬싱키 프로세스(Helsinki Process)가 핀란드의 수도 헬싱키에서 이루어졌고 헬싱키 프로세스를 통해 유럽안보협력회의(CSCE)가 발족하였고, 이후 유럽안보협력기구(OSCE)로 발전하였습니다. 그리고 헬싱키 프로세스는 유럽의 냉전 종식과 신뢰구축 노력의 일환으로 평가받고 있습니다. 핀란드는 동유럽과 서유럽을 대표하는 국가도 아니며, 유럽 북부의 작은 나라였음에도 불구하고 이러한 역사적 협약의 중심지가 되었습니다. 물론 헬싱키 프로세스의 최종적인 성공에는 미국과 소련의 동의가 필요했으나 중간과정에서 중요한 역할을 담당했던 것이 핀란드이며, 이 사례가 바로 중견국 혹은 소국이 국제역량을 발휘한 경우라고 할 수 있습니다.

**황재호** 만약 한국을 링커 국가로 생각한다면 우리는 어떤 사명을 가지고, 어떠한 역할과 기여를 할 수 있을까요?

**하영선** 우리 역사를 뒤돌아보면 개인적으로 19세기 유길준의 양절체제가 현실화되지 못했던 것에 아쉬움이 남습니다. 또한 18세기 명청 교체기 당시 조선 내부에서는 한쪽은 북벌론, 다른 한쪽은 북학론을 주장하며 대립했었습니다. 그리고 허생전을 읽어보면 명청 교체기 시절에 조선의 외교방향을 이야기하며 소위 새로운 형태의 네트워크 외교를 해결책으로 제시하고 있습니다. 허

생전에 기록된 네트워크 외교에는 지식외교, 혼맥외교, 유학을 통한 학맥외교, 교역을 극대화 하는 방식의 외교들을 제시합니다. 물론 이러한 발상과 생각들이 현실화된 예시를 꼽기에는 어려운 부분이 있는 것이 사실입니다.

제가 주장하는 세계정치에 관한 복합론 또는 사랑론에 대하여 비판하는 사람들은 복합론 또는 사랑론이 숙명적으로 현실정치에서는 중심이 될 수 없는 선택지라고 말합니다. 저는 이와 같은 비판에 대해 반론을 가지고 있습니다. 그들이 말하는 것처럼 세계정치의 현실에서 그러한 냉혹한 역사가 반복된 것은 사실이나 우리가 앞으로 살아가는 21세기에 전 세계가 이분법으로 양극화된다면 그 과정에서 승리한 한 쪽이 권력을 잡고 세계를 주도하는 것이 아니라 모두가 공멸하는 길로 들어서게 됩니다. 그만큼 21세기의 세계정치는 복합적이고 상호적인 관계에 있습니다. 그러므로 저는 복합의 세계정치, 사랑의 세계정치가 미움의 세계정치가 야기하는 폐해를 해결할 수 있다고 생각합니다. 아마 이러한 제 주장에 대한 평가는 100년 후에나 제대로 이뤄지지 않을까 싶습니다. 제가 복합 세계정치론을 처음 주장한 것이 1991년 탈냉전이 이뤄진 시기였습니다. 당시 저를 포함한 많은 국제정치학자들이 탈냉전을 제대로 예측하지 못했고, 세계의 흐름을 뒤에서 좇아가는 것이 아니라 앞에서 내다보는 방식으로 사고를 전환해야 할 필요성을 느꼈습니다. 그리고 30년이 지난 지금까지도 제가 주장하고 있는 복합론적 사고가 계속해서 필요하다는 생각에는 변함이 없습니다.

## 진화를 통한 한반도 평화 프로세스

**황재호** 이번 정부는 한반도 평화 프로세스를 강조하며 평화에 대한 강한 의지를 내보였습니다. 다음 정부도 평화에 방점을 찍는 정책들을 추진할 것인지 아니면 수사적으로 통일을 강조하는 방향으로 나아갈지 궁금합니다.

**하영선** 시기가 어떻게 될지는 모르지만 통일이 된다면 평화 문제가 직접적으로 해결될 가능성이 높아지는 것은 사실입니다. 그러나 앞서 말씀드린 것처럼 우리가 통일이라는 열차에 성공적으로 탑승하기 위해서는 많은 준비가 필요합니다. 최근 10년 동안 제가 썼던 글들 중에서 비교적 많이 사용했던 표현 중 하나가 진화생물학에서 사용하는 용어들입니다. 21세기 우리가 처한 국제정치 환경에서 전쟁 또는 혁명을 통한 통일은 바람직하지도 않으며 거의 불가능합니다.

그러므로 저는 진화생물학적 용어를 사용해서 말씀드리자면 진화를 통한 통일이 필요하다고 생각합니다. 진화생물학에서는 한 생명체가 또 하나의 모습으로 변이되는 과정을 설명하는 2가지 키워드를 가지고 있습니다. 그것이 바로 공진(co-evolution)과 자생화(self-organization)입니다. 이를 한반도 평화와 통일 문제에 대입해 보면 공진은 한반도를 넘어선 다른 국가들과의 협력과 연결을 통해 가능할 수 있습니다. 그리고 자생화는 남과 북이 내부적으로 자생화를 이뤄내야 한다는 것입니다. 가령 우리 입장에서는 북한의 비핵화 문제를 해결하기 위한 제재 및 억제조치, 또는 관용정책이 필요합니다. 그러나 궁극적으로 보면 북한 문제를 해결할 수 있는 것은 북한 자신입니다. 북한이 내면적으로 그러한 결정을 내리지 않으면 문제는 해결되지 않습니다. 결국 21세기 세계질서 및 국제정치에서 생존하기 위한 방법으로 핵이 아닌 다른 방법을 택하는 것이 바람직하다는 자생이 북한 내부적으로 이루어져야 하는 것입니다. 종합하면 공진과 자생화가 결합된 후에야 진정한 통일로 가는 길이 열리게 될 것입니다.

**황재호** 특히 자생화가 가능하려면 무엇이 필요한가요?

**하영선** 가장 중요한 요소는 정보입니다. 즉, 일종의 예비 타당성 검사가 필요한 것입니다. 북한이 핵 또는 비핵을 선택하게 되면서 야기되는 결과들을 검토하고 연구하여 정보를 얻는 것이 매우 중요합니다. 북한이 아무리 굳게 닫힌 사회라고 하더라도 일정 수준의 자본주의화 또는 시장화가 이루어지고 있으며, 앞으로는 초보적인 정보 습득을 넘어선 최종적인 자기생존을 검토하는 열린 자세를 가져야 합니다. 북한이 조금 더 자생적 노력을 지속하고, 외부와의 연결을 통한 공진을 이해하고 받아들이는 것이 중요합니다. 그리고 이러한 과정을 이끌기 위해 필요한 것이 한반도의 평화입니다. 이번 정부가 한반도 평화 프로세스를 통해 한반도 내 평화체제를 구축하기 위해 노력했었으나 해결하지 못한 딜레마가 있었습니다. 그것은 바로 군사 및 무기의 비대칭성입니다. 핵은 정치적 무기로 국제정치에서 상당한 비대칭성을 야기합니다. 북한이 이러한 핵을 포기하지 않고, 한반도 내 비대칭성을 지속해가는 한 진정한 평화를 이야기하기에는 무리가 있습니다.

답답하고 어려운 문제이지만 통일로 나아가기 위한 평화체제 구축을 위해서는 비핵화가 필수적이며, 이를 장기적 목표로 설정해야 합니다. 중국이 이야기하는 쌍궤병행, 북한이 이야기하는 선 체제 보장 후 비핵화, 또는 다른 방법들을 다양하게 논의하여 비핵화를 이끌어내는 것이 중요합니다. 지난 70년

간 핵의 국제정치를 기반으로 보았을 때 비핵화 없는 평화 프로세스는 매우 어렵습니다. 한국의 입장에서도 다양한 선택지를 고려하고 그 과정에서 균형감 있게 방향을 설정하고 전략을 추진하는 것이 최대 숙제입니다.

### 청년과 국제정치

**황재호** 교수님께서는 동아시아연구원에서 후학들을 양성하시는 사랑방 프로그램을 운영하고 계십니다. 수십 년간 청년들을 가르쳐 오신 입장에서 특히 요즘 20, 30대 청년들이 보는 국제정치는 어떤가요?

**하영선** 한 마디로 오늘날의 청년 세대들이 바라보는 국제정치를 규정하기는 조심스러운 측면이 있습니다. 그러나 한 가지 확실하게 과거 청년 세대들과 대비되는 부분이 존재하는 것 같습니다. 우리가 속칭 586세대라고 말하는 1980년대에 대학을 다니던 세대들과 2010, 2020년대 대학생들이 바라보는 국제정치의 모습은 상당히 다릅니다. 이해를 돕기 위해 국제정치의 주인공인 행위자 관점에서 이야기를 해보겠습니다. 1980년대 대학생들은 국제정치의 주인공격인 미국에 대해 비판적인 시각이 매우 강했으나 현재 청년 세대들은 반드시 그런 모습을 보여주고 있지는 않습니다. 이는 시대의 변화와 더불어 상대적으로 1980년대와 비교했을 때 우리의 국격이 상승한 부분도 영향을 끼쳤을 것으로 생각합니다. 저는 여기서부터 현재 청년 세대가 미중관계, 일본, 국제관계를 바라보는 시각이 기성세대들과는 다르게 된 주요한 원인으로 봅니다. 1980년대에는 미국에 비판적이고, 중국에 우호적이며 일본과는 상당한 어려움과 갈등 속에서 관계를 재정립하는 시기였으나 현재는 우리도 국제사회에서 우리의 목소리를 내고, 상당한 영향력을 끼치는 지위를 확보하였고, 이러한 상황에서 우리 청년 세대들이 과거보다 더 당당한 모습을 가지고 있다고 생각합니다.

**황재호** 청년세대가 관심을 가지는 분야에서도 이전과 이후 차이가 있을까요?

**하영선** 네, 오늘날의 청년 세대들은 공간적 차원에서 남북한 문제에 대한 관심도가 1980년대 대학생들보다 현저히 낮습니다. 그럼에도 불구하고 저는 청년 세대들에게 그들이 이제 충분히 젊은 나이가 아니라고 말하곤 합니다. 저는 그들이 내다보는 향후 100년의 세계를 예측할 때, 자신의 위치를 파악하고 무엇을 추구할 것인가를 고민해야 한다고 조언합니다. 저는 21세기 한국, 그리고 한국의 청년 세대들이 관심을 가져야 할 최대 문제를 크게 네 가지로 생각합니다. 첫째는 현재 지속되고 있는 미중관계의 흐름 속에서 천하대세와 천하통일은 어떻게 진행될 것인가를 파악하는 문제입니다. 둘째는 국내 통합 및 통일의 문제입니다. 셋째는 남북통일의 문제입니다. 남북통일의 현실성과 구체적 방안에 대한 논의를 포함하여 남북 문제는 한국이 지고 가야 할 중요한 문제입니다. 넷째는 환경, 젠더, 국제지원 및 개발 등 다양한 국제사회의 문제입니다. 오늘날의 청년 세대들은 정치, 경제, 안보와 같은 과거 전통적인 국제사회의 문제를 넘어선 다양한 이슈에 많은 관심이 있습니다. 그러나 한편으론 한국이라는 지정학적 특수성을 가지고 있는 국가의 국민으로서 태생적인 안보적 위협, 경제적 불평등과 같은 문제를 고려하지 않은 상황에서 환경, 인권, 기후변화, 기술 등에 관한 이슈에만 관심을 가지는 것은 문제가 있습니다.

또한 행동에 기반한 원칙의 측면에서도 과거 세대는 전쟁, 갈등이라는 개념에 더 익숙한 것에 비해 오늘날의 청년 세대들은 협력, 경쟁이라는 개념을 더 익숙하게 받아들입니다. 저는 2020년 또는 나아가 2050년 국제정치가 어떻게 변화할 것인가를 예측하고 그에 대해 준비하라고 청년들에게 조언하고 싶습니다. 그리고 이 과정에서 중요한 키워드가 복합성입니다. 앞으로의 국제정치는 더욱 다변화되고 복잡성이 증가할 것이기 때문에, 복합적 사고를 하는 것이 매우 중요한 덕목이 될 것입니다. 과거 기성세대들이 이러한 복합적 사고를 하는 것은 사실 어렵습니다. 그러므로 청년 세대들이 이러한 복합적 사고를 통해 미래의 국제정치 변화에 대응하는 것이 중요하다고 생각합니다.

### 나는 '사랑의 국제정치학자'

**황재호** 호(號)를 만청(晩靑)으로 쓰게 된 연유가 있으신가요?

**하영선** 나이가 40을 바라보던 1980년대 중반에 스승인 동주 이용희 선생님이 다산 정약용 공부를 하라고 강하게 권유하셔서 뒤늦게 한문 공부를 시작했어요. 당시 한문 선생님이 처음 지어 주었던 호는 추재(鄒齋)였어요. 내 이름의 마지막 자인 착할 선(善)과 연관하여 성선설을 얘기한 맹자의 고향인 추에서 따온 것이죠. 그러나 보통 사람들이 뜻을 쉽게 알기 어려워서 자주 쓰지 않았어요. 그러던 차에, 새 한문 선생님이 환갑을 지나고도 나이를 잊고 살아가는 내 모습을 보면서 '젊은 늙은이'라는 의미의 만청이라는 호를 지어 주었어요. 호의 뜻도 좋았고, 또 그렇게 살고 싶어서 이 호를 자주 쓰고 있어요. 덕택에 요즈음도 동아시아연구원 사랑방에서 나보다 반세기가 젊은 20대의 젊은이들과 매주 공부 모임을 계속하고 있어요. 이런 과정에서, 한국 지성사의 맥락에서 스승과 현실에서 배운 것을 후학들에게 전하는 계주자의 역할을 하려고 노력하고 있어요.

**황재호** 본인을 한마디로 정의할 수 있는 단어가 있다면 무엇인가요?

**하영선** 나는 스스로를 되돌아보고 정의하기보다는 미래를 내다보고 새로운 나를 찾는 것을 즐기기 때문에, 대답하기 어려운 질문이네요. 다만, 후학들의 강권으로 종심(從心)의 70세 기념 강연을 한 학기 동안 관악산에서 하면서 강의 제목을 그리 힘들이지 않고 '사랑의 세계정치'라고 정했어요. 정년으로 관악을 떠날 때 대학원의 마지막 세미나 제목도 '전쟁과 사랑'이었어요. 루소의 사랑 연구와 클라우제비츠의 전쟁 연구를 함께 다뤘죠. 지난 반세기의 지적 여정을 간단히 정리하면 미움의 세계정치에서 사랑의 세계정치로 함께 진화하는 길을 찾아 걸어왔다고 할 수 있어요. 1960년대의 20대 대학 생활에서 적응과 저항이라는 이분법적 갈림길에서 사랑이라는 제3의 길을 처음 찾아 나선 이후, 핵무기의 세계정치라는 미움의 세계정치학을 거쳐서, 21세기 한반도, 아시아 태평양, 그리고 세계에서 전개되고 있는 미움의 현실을 사랑의 21세기형 표현인 복합세계정치학으로 풀어보려는 시도를 계속하고 있어요. 따라서 한마디로 줄이면 '사랑의 세계정치학자'가 되겠네요.

제7장

# 한국 외교, 거대 비전보다 성공 경험 축적해야

**위성락** 전 러시아 대사

**위성락** 현재 한반도 평화만들기 사무총장으로 있다. 서울대학교 외교학 학사를 마치고 1979년 제13회 외무고시에 합격했다. 주자메이카대사관 2등 서기관, 주러시아 대사관 1등 서기관을 거쳤으며, 주미국대사관 참사관, 외교통상부 장관보좌관, 대통령직인수위원회 외교통일안보분과위원회 행정관, 외교통상부 북미국 국장, 국가안전보장회의 정책조정실 정책조정관, 주미국대한민국대사관 정무공사, 외교통상부 장관 특별보좌관, 한반도평과교섭본부 본부장, 주러시아 대사를 역임하였다. 저서로는 "한국 외교 업그레이드 제언"(2020) 등이 있다.

ⓒ강진형 기자

## 한국 외교의 5대 문제점

**황재호** 대사님께서 쓰신 『한국 외교 업그레이드 제언』 책에서 한국 외교의 자기중심적이고 감정적 관점, 국내정치 위주 관점, 이념적 당파적 관점, 포퓰리즘, 아마추어리즘을 5대 문제점이라고 지적하셨습니다.

**위성락** 외교부 자체도 개혁해야 할 대상이지만 큰 틀에서 보면 외교 전반에 대한 개혁이 필요합니다. 저는 학자로서 말씀드리는 것이 아니라 평생 동안 외교부에서 근무하면서 실무 업무를 담당해 온 입장에서 말씀드리는 것입니다. 특히 저는 한국 외교의 중요 영역이라고 할 수 있는 대미외교, 북핵 문제 등을 장기간 담당해 온 경험을 가지고 있습니다.

이러한 경험을 바탕으로 저는 우리 외교의 현실을 직접적으로 느낄 수 있었고, 우리 외교가 가지고 있는 강점과 약점을 명확하게 파악할 수 있었습니다. 그리고 우리 외교에 많은 부분이 개선되어야 한다는 결론에 이르렀습니다. 많은 분들께서 한국의 외교 수준이 우리가 가지고 있는 국력과 비교하여 상대적으로 부족한 점이 많다는 것에 공감하고 있으실 겁니다.

**황재호** 국제사회에서 한국의 외교 순위는 몇 위쯤 될까요?

**위성락** 이런 질문을 받으면 저는 농담 반 진담 반으로 한국의 외교 순위가 한국 축구의 피파랭킹 순위보다는 아래에 위치할 것이라고 답변하곤 합니다. 저는 그만큼 한국 외교의 수준이 국력에 비해 낮다고 생각합니다. 한국 외교의 수준이 지금처럼 지속된다면 21세기 우리 주변 세력의 급격한 변화 속에서 국익을 지켜내는 것에 한계가 발생할 것이고, 나아가 우리에게 통일의 기회가 찾아온다고 하더라도 그 기회를 통해 목적을 달성하기 어려울 것입니다. 독일의 경우, 이미 통일 논의가 시작하기 전부터 사회 내부에서부터 정치적, 관료적으로 통일을 위한 역량을 축적해 왔습니다. 그러나 우리의 현실을 그렇지 못합니다. 그러므로 통일의 기회가 찾아온다고 해서 이를 효과적으로 활용할 수 있을 것인가에 대해서는 의문이 있습니다. 통일은 차치하더라도 북한의 비핵화와 평화체제 구축에 관한 목표도 아직 미진한 상태이며 이는 모두 우리의 외교역량 부족과 연관이 있습니다.

### 외교생태계를 개선하려면

**황재호** 한국 외교부 개혁에 있어 가장 급선무는 무엇일까요?

**위성락** 질문하신 외교부의 개혁 문제는 외교 개혁 문제의 한 부분입니다. 외교부도 문제점을 가지고 있지만 전체적으로 한국사회에서 외교라는 것이 다루어지는 생태계가 문제입니다. 한국사회에서는 주요 외교안보 사안이 발생하면 각계각층이 논의에 참여하지만 논의를 하면 할수록 엉뚱한 방향으로 이야기가 흘러가는 경향이 있습니다. 선진사회라면 선택지로 적절하지 않은 방안은 배제하고 소거해 나가면서 의견을 수렴해 나가는 과정이 필요합니다. 그러나 한국사회에서는 이것이 제대로 이루어지지 않고 감정적인 논의가 이어집니다. 개개인은 감정적일 수 있지만 국가가 국익을 위해 결정을 내릴 때는 절대로 감정적이어서는 안 됩니다. 결국 이러한 외교 생태계 전반이 문제인 것입니다.

**황재호** 그렇다면 외교부를 넘어 외교 생태계 전반의 문제를 해결하기 위해서는 어떤 노력들이 이루어져야 할까요?

**위성락** 이를 해결하기 위해서는 첫째, 우리가 이러한 문제를 가지고 있다는 것을 인정하고 고쳐야 한다는 인식을 가져야 합니다. 이 정도면 한국 외교가 잘

하고 있는 것인 아닌가 하는 순진한 생각은 버려야 합니다. 둘째, 한국 외교가 가지는 문제점에 대한 인식과 논의가 사회전체로 확산되는 데 한계가 있다면 외교안보 커뮤니티에 내에서 리더십이 제대로 발휘되어야 합니다. 즉, 외교안보 문제를 다루는 관료, 정치권, 시민사회, 언론, 학계 등에서 리더십이 발휘되어야 할 필요가 있습니다. 셋째, 조금 더 범위를 좁히자면 외교안보 커뮤니티 안에 전문성을 강조하는 집단이 필요합니다. 한국 외교는 역사적으로 행정, 의전, 행사에 매몰되어 있습니다.

한국 외교가 발전하기 위해서는 위와 같은 노력과 함께 내부적으로 정책, 전략, 전술을 중시하는 분위기가 형성되어야 합니다. 민주화 이후 정권이 계속해서 변화하는 와중에 권력을 가진 정치엘리트가 외교 전반에 개입하여 정치적으로 결정하는 부분이 늘어나게 되었고, 자연스럽게 외교부를 포함한 외교안보 커뮤니티에서 전문성을 강조하는 분위기가 줄어들었습니다. 국제 수준을 고려했을 때, 이미 한국 외교안보 커뮤니티의 전문성은 높지 않은데 위와 같은 문제까지 지속된다면 외교 전반에서 아마추어리즘(Amateurism), 포퓰리즘(Populism) 또는 냉소주의(Cynicism)가 만연하게 될 것입니다. 이러한 문제를 해결하기 가장 용이한 방법은 리더십을 가진 정치 집권 엘리트가 주도하여 외교 전문성을 강화하는 것입니다. 만약 이것이 어렵다면 외교안보 커뮤니티 안에서 내부적인 노력을 해야 합니다. 이와 연관하여 제가 제안하는 것은 외교안보 커뮤니티 안에서 리더십을 가진 집단들 간 연대를 통해 개혁 담론을 이어나가는 것입니다. 제가 책을 집필하고, 이를 통해 인터뷰 또는 강연을 이어가는 것도 이러한 취지의 일환입니다.

**황재호** 어떤 분들은 한국 외교를 돌고래에 비유하십니다. 이에 대해서는 어떻게 생각하시나요?

**위성락** 개인적으로 저는 돌고래 비유가 크게 와 닿지는 않습니다. 현재 한국 외교는 돌고래 역할을 할 역량이 부족합니다. 분명 하드웨어적인 규모는 돌고래에 가깝지만 하드웨어를 뒷받침해 줄 소프트웨어적 역량이 부족합니다. 돌고래는 활동에 관련한 운신의 폭이 매우 넓고 영민하며 유연함을 갖추었습니다. 돌고래가 한국 외교의 당위는 될 수 있겠지만 그렇게 되기 위해서는 노력해야 할 부분이 매우 많습니다. 한국 외교의 강점으로 민간분야의 역량이 높다는 점을 들 수 있습니다. 다만 아직까지 공적 역량이 이를 뒷받침하지 못하고 있습니다. 그렇기 때문에 결과적으로 한국 외교 역량의 전체 수준이 낮을 수밖에 없는 것입니다. 공적 외교영역에서의 역량 강화가 시급합니다.

## 업그레이드가 필요한 한국 외교

**황재호** 말씀하신 5가지 문제점에 대해 저도 생각을 해봤습니다. 저는 그중에서 가장 중요한 점이 리더십이라고 생각합니다. 리더십의 성격에 따라 외교성향이 그대로 드러나는데 다음 차기 정부가 어떤 외교를 하게 될까 생각해봅니다. 다음 질문으로 만약 한국 외교가 그럼에도 불구하고 장점을 가지고 있다면 어떤 점이 있을까요?

**위성락** 냉정하게 이야기해서 한국 외교의 정책적인 장점을 꼽기는 조금 어렵습니다. 처음에도 말씀드린 것처럼 저는 학자가 아닌 외교 전반에서 실무를 담당했던 사람입니다. 학자들 중 일부는 제 이야기가 와 닿지 않으실 수도 있습니다. 그러나 학자들이 외교를 바라보는 시각과 실무자가 외교를 바라보는 시각에는 차이가 있습니다. 실질적으로 외교를 바라보는 입장에서 한국 외교의 정책적 장점은 거의 없습니다.

한국 외교의 장점을 굳이 꼽자면 역시 축구에 다시 비유할 수 있을 것 같습니다. 한국 외교는 전술, 전략, 기략 부분에서는 매우 낮은 수준이지만 목표를 정하고 골을 향해 부지런히 뛰어가는 것이 큰 장점입니다. 즉, 한국 외교는 목표를 정하면 열정적으로 투쟁하고, 단기적인 목표 달성을 위한 투지는 가지고 있습니다. 그러나 그것을 통해 어떤 정책을 만들어 갈지에 대한 장기적인 고민이 부족합니다. 이러한 수준의 외교는 해방 후 60-70년대 외교에 적합한 방식으로 현재 한국이 가진 국격에 적합한 외교가 아닙니다. 이제는 이러한 외교 방식을 바꾸고 한 단계 성장해야 할 때입니다. 어쩌면 이미 시기가 늦었을지도 모르지만 이제라도 우리는 복합적이고 장기적인 목표를 가지고 역량을 키워야 할 필요가 있습니다.

**황재호** 한국 외교가 최고치로 업그레이드된다면 어떤 모습일까요? 세계에서 어떤 역할을 하게 될까요?

**위성락** 한 가지 꿈꿔 볼 수 있는 부분이 있습니다. 현재 우리에게 있어 미중관계의 경쟁 및 대립 구도는 피할 수 없는 종합적, 압도적인 문제입니다. 미소 냉전과는 질적으로 차이가 있지만 그만큼 중요한 문제이며 그 속에서 어떻게 적응하고, 생존해야 하는가가 우리의 최우선 과제입니다. 미소 냉전이 우리에게 어떤 영향을 끼쳤는지를 되돌아보면 미소 냉전으로 인해 한반도에 분단이 발생했고, 전쟁이 발발했으며 군사독재의 역사가 반복된 것입니다. 결국 미소 냉전에서 발생한 에너지가 국제사회뿐 아니라 한국의 국내정치에도 지대한 영향을 끼친 것입니다. 이와 마찬가지로 미중 대결의 구도 역시도 한국의 미래와 삶의 전반에 상당한 영향력을 끼칠 것입니다.

이러한 상황에서 만약 한국 외교가 업그레이드된다면 미중 사이에서 휘둘리지 않고, 미중일러 4강 사이에서 발생하는 대립과 경쟁 속에서 평화와 협력, 공동번영의 영역을 키워나가는 촉진제 역할을 할 수 있을 것입니다. 우리의 국력상 다른 국가들을 좌지우지하는 것은 불가능하지만 중견국가로서 동북아 및 세계 평화 또는 협력의 허브 역할을 할 수 있습니다. 유럽과 달리 동아시아 또는 동북아 지역에서는 공동체적 협력의 역사가 존재하지 않습니다.

그러나 앞으로 미래에는 다를 것입니다. 동아시아 또는 동북아 지역에서 중국의 영향력이 높긴 하겠지만 과거 역사에서처럼 중화질서하에서 다른 국가들이 속해 있는 것이 아닌 공생과 공동번영의 길로 나아가는 것이 미래의 국제사회가 될 것입니다. 그리고 이러한 미래 속에서 한국의 지정학적, 국제정치적 역할은 커질 것이며, 우리는 이러한 위상을 가지고 촉진자(facilitator) 또는 매개자(mediator) 역할을 해야 합니다. 이것이 가능하다면 통일로 가는 길도 보다 수월할 것입니다. 만약 한국이 미래에 이러한 역할을 제대로 수행하지 못하고 한반도가 여전히 갈등의 중심지로 남게 된다면 국제사회에서도 제대로 인정받지 못하고 무너질 것입니다.

### 외교관으로서의 삶

**황재호** 대사님께서 집필하신 책에서 보면 대사님 나름대로 외교부에서 역할을 해 보려는 노력을 했었으나 기대만큼 되지 못했다고 말씀하셨습니다. 이에 대한 스토리가 있으신가요?

**위성락** 저는 외교부에 들어갈 당시부터 외교에 대한 확고한 관점과 포부를 가지고 있었습니다. 그런데 제가 외교부에 처음 들어갔을 때부터 바로 느꼈던 부분이 외교부가 너무 사소한 일들에 집중하고 있다는 것이었습니다. 또한 당시 제 나름대로 외교 문제에 공부한 후 안건을 제시해도 크게 달가워하는 분위기가 아니었습니다. 저는 그 원인이 당시 제가 속한 분과가 작은 분과였기 때문이라고 생각했고 보다 큰 분과로 옮기게 되면 더 큰 업무들이 주어질 것이라는 생각을 했습니다. 이후 저는 북미과로 소속을 옮겼으나 그곳에서도 비슷한 분위기가 이어졌습니다. 그때서야 저는 외교부 전체가 자신의 관점을 이야기하지 못하고 다른 국가의 외교정책 방향을 모방하는 정책적 분위기가 형성되어 있음을 느꼈습니다.

외교부는 전반적으로 정책, 전략적인 업무를 수행하는 것을 불편해합니다. 그 이유는 그것이 까다롭고 어렵기 때문입니다. 또한 당시만 해도 냉전질서의 흐름이 강하던 시기였기 때문에 미국의 동맹국인 한국의 입장에서는 외교정책에 있어 미국의 정책 방향성을 그대로 가져온 경우가 많았습니다. 1980년대 중반 제가 북미과에서 근무할 당시에는 탈냉전 기류가 서서히 시작될 시기였습니다. 중국의 성장은 조금씩 두각을 나타내고 있었고, 북한의 핵 문제 이야기도 수면 위로 올라올 시기였습니다. 이렇듯 복합적이고 변화하는 국제질서 속에서 한국은 적극적으로 대처하려는 자세가 부족했고, 미소 사이에서 우리의 외교가 어떻게 나아가야 한다는 방향성을 가지지 못했습니다.

**황재호** 그렇다면 당시 외교부가 가지고 있던 문제들을 해결하기 위해 어떤 노력들을 하셨나요?

**위성락** 먼저 저는 외교부 내에서는 행정, 의전을 강조하는 분위기를 바꿔보고자 정책과 전략의 중요성을 강조했었으나 쉽지 않았습니다. 일례로 제가 소련과의 수교 당시 담당자 역할을 했었을 때 당시 최대 쟁점은 바로 수교관계를 구축할 것인가 또는 수교 이전에 중간 단계를 거쳐야 하는가에 관련된 문제였습니다. 당시 한국 정부와 정치권에서는 바로 수교관계를 구축하자는 기류가 강했으나 이는 매우 비현실적이었습니다. 저는 수교 이전에 영사처를 만들어 사실상의 영사관계를 구축하고 수교관계로 넘어가야 한다고 지속적으로 주장했습니다. 결국 한러 사이에 영사처가 먼저 만들어졌고 10개월 만에 수교가 이루어졌습니다. 영사처가 만들어졌던 때가 1989년이고, 이후 1990년 한러 수교, 1992년 한중 수교가 이루어졌습니다. 만약 중간단계 역할로 영사처가 설립되지 않았다면 한러 수교는 지지부진 했을 것이고, 이후에 계획되어 있던 한중 수교 역시도 지연되었을 가능성이 높습니다.

**황재호** 이러한 정책적 판단과 적극적인 정책전략이 한국 외교에 있어서 필요했던 부분이라 생각됩니다.

**위성락** 네. 또한 저는 미국에서 두 차례 근무하며 총 6년의 시간을 보냈는데 미국에서 서울로 보내는 보고는 한국 외교에서 가장 중요한 정책적 업무 중 하나입니다. 그렇기 때문에 제가 가장 강조했던 부분은 언제나 냉정하고 객관적이고 정직해야 한다는 것이었습니다. 우리 외교문화에서 볼 때 정부의 입맛에 맞게 보고 내용을 조정하는 경우가 있습니다. 그러나 저는 국가와 정부는 그렇게 해서는 안 된다고 생각했고 위와 같은 부분을 강조했었습니다.

마지막으로 제가 러시아 대사로 근무하던 당시 한러 관계는 양국의 외교적 관심사에서 비교적 멀어져 있던 시기였고, 이를 극복하고 한러 관계를 활성하기 위해 많은 고민을 했었습니다. 양국의 외교관계를 활성화시키기 위해서는 예산과 인력이 필요했었지만 당시 상황과 여건이 그리 좋지는 못했습니다. 그래서 당시 제가 시행했던 것이 양국 간 비자면제였습니다. 아직까지 국제사회의 주요 선진국들 중 러시아와의 비자면제를 시행하는 국가는 매우 드뭅니다. 저는 한러 간 비자면제를 통해 양국 간 이동의 장벽을 없애고, 인적교류를 활발하도록 하는 방안을 추진했습니다. 결과적으로 2014년 1월 1일부터 한러 간 비자면제가 실시되었고, 한러 간 인적교류가 이전보다 5배 이상 증가했습니다. 아마 우크라이나 사태, 코로나 위기가 없었다면 한러 간 인적교류는 더욱 증가했을 것입니다.

## 한국 외교사의 가장 큰 성과, 북방외교

**황재호** 한국 외교사에서 한국 외교가 가장 잘 했던 일은 무엇인가요?

**위성락** 저는 노태우 정부의 북방외교가 한국 외교의 역사에서 가장 큰 성과라고 말할 수 있습니다. 저는 당시 현장 실무를 맡았었는데 북방외교는 분명 성공적인 측면이 강하지만 동시에 아쉬운 부분도 존재했습니다.

당시 탈냉전이라는 시대정신을 놓치지 않고 기회를 잡아 한러, 한중 수교를 빠른 시기에 이끌어 낸 점은 한국 외교에서 매우 큰 성공이었습니다. 그전까지 한국 외교는 미국, 일본, 그리고 일부 서구 유럽 국가들과 같은 전 세계의 절반만을 상대로 외교를 수행해 왔습니다. 그러나 북방외교 이후 한국 외교의 외연이 거의 두 배로 확장되었고, 그만큼 우리 외교의 접근방향과 전략적 범위가 넓어졌다는 것을 의미합니다. 그럼에도 불구하고 북방외교에서 아쉬운 점이 존재합니다.

**황재호** 어떤 점들이 있을까요?

**위성락** 첫째, 기존 한쪽 진영만을 상대하던 한국 외교가 양쪽 진영 모두를 상대해야 하는 상황으로 바뀌었기 때문에 이에 맞는 인력 및 조직 시스템 개편과 발전된 외교 역량을 갖추기 위한 노력이 이루어졌어야 했으나 실패했습니다. 즉, 탈냉전 외교를 수행할 역량을 갖추지 못했고, 과거 미국, 일본, 서구 유럽 국가들을 상대하던 외교 방식을 그대로 답습하여 소위 외교 대개혁의 시기를 놓친 것입니다. 한국은 새로운 국제사회 환경에서도 기존의 냉전 외교를 지속하며 의전과 행사에만 집중했습니다. 결과적으로 새로운 시대에 대한 성찰과 철학의 부재로 인해 한국 외교가 질적인 양자도약(Quantum Jump) 시기를 놓쳤습니다.

둘째, 탈냉전시기 러시아, 중국과의 화해를 통한 수교관계 수립은 매우 큰 성공이었으나 이것이 한반도의 화해로 이어지지 못했고, 오히려 악화된 측면이 있습니다. 1988년 민족자존과 번영을 위한 대통령 특별선언인 7·7 선언을 발표하면서 중소와의 관계 개선을 통해 북한이 미일과 관계 개선하는 것을 지원하겠다는 의지를 표명했지만 이것이 실제로 이루어지지 못했습니다. 오히려 한국정부는 북미 관계 개선을 반대하는 모습을 보였습니다. 실제로 1953년 휴전 협정 이래로 미북 간의 최고위 회담이 1992년 김용순 북한 노동당 비서와 아놀드 칸터(Anold Kanter) 미 국무차관의 만남으로 이루어졌고, 당시 회담은 한반도 평화체제로 나아가기 위한 매우 중요한 기회였습니다. 이에 대해 미국과 북한 모두 이에 관심을 가지고 있었으나 한국정부는 이를 원치 않았고, 그 결과 북미 간 회담은 합의문도 만들지 못했으며 한 차례의 회담만 이루어진 후 관계가 종료되었습니다. 1990년 한러 수교가 임박했을 때, 러시아는 북한 측에 한국과 수교한다는 의견을 전달했습니다. 그리고 그 당시 북한 측 인사였던 김영남은 핵무기 개발에 대한 이야기를 처음으로 꺼냈습니다. 당시 자리에 있던 러시아 사람들의 전언에 따르면 그것은 누가 들어도 핵개발 하겠다는 의지로 받아들일 수밖에 없었다고 합니다. 그만큼 북한은 당시 한국의 영향력 확대를 걱정했고 이를 해결하기 위한 극단적 전략을 선택한 것으로 이것이 바로 북한 핵 문제의 시작입니다.

**황재호** 한국이 러시아, 중국과의 수교를 통해 외교적 외연을 확대하는 과정에서 북미 관계의 개선과 한반도 평화의 길을 만들어 나가는 데 적극적인 노력을 했다면 현재의 북핵 문제는 발생하지 않았을지도 모르겠습니다.

**위성락** 네. 결국 한국은 탈냉전 상황을 탈냉전 사고로 대처하지 않고 탈냉전 상황을 냉전적 사고로 운영했다는 점이 가장 큰 문제였습니다. 물론 이러한 문제는 미국에서도 동일하게 발생했습니다. 미국 역시도 당시 북미 회담에 대해 모두가 지지한 것이 아니었고, 탈냉전 시기에 북한과의 대화가 필요하다는 주장은 일부 깨어있는 정치인과 전문가들의 의견일 뿐이었습니다. 대다수의 미국 관료와 정치인들은 탈냉전 이후 승리주의에 경도되어 있었고, 이러한 자만심과 더불어 한국정부의 북미관계 개선에 대한 반대 입장까지 겹치게 되자 북미관계 개선과 한반도 평화의 동력이 상실되고 말았습니다. 그리고 그 결과 1992년 팀스피릿(Team Spirit) 훈련재개가 결정되었고, 1993년 북한은 핵확산금지조약(NPT) 탈퇴를 결정하게 되었습니다.

그리고 러시아와의 수교관계를 수립할 때 한국은 이를 외교 행사의 한 부분으로 추진한 측면이 강했습니다. 1990년 샌프란시스코 회담을 거쳐 러시아와의 수교관계가 활발하였지만 정작 수교관계 수립 후에는 양국의 교류 확대와 발전을 위한 노력이 부족했고, 이에 대한 관심도 매우 적었습니다. 오히려 러시아의 경우에는 당시 옐친 대통령을 중심으로 탈냉전 수교와 관계 발전에 큰 관심을 가지고 있었고 한국과의 협력을 매우 강조했습니다. 그러나 한국은 수교관계 수립이라는 단기적인 목표에만 집중하였으며 장기적인 목표가 부재했기 때문에 수교관계 수립 이후 지속적인 협력에 대한 노력을 중단하였습니다. 만약 우리가 수교 초기의 동력을 잘 활용했다면 한러 관계의 출발점은 한 단계 위에 있었을 것이고 협력관계도 보다 활발했을 것입니다.

종합하면 당시 한국의 북방외교는 전 세계를 향한 외교의 틀을 확장한다는 기본 목표는 가지고 있었지만 그에 맞는 외교정책 전략을 내놓지 못했습니다. 개인적으로 이러한 문제점들이 북방외교의 가장 큰 아쉬움으로 남아 있습니다. 그리고 이를 통해 한국 외교의 개혁이 꼭 필요하다는 결론에 이르게 되었습니다.

### 한반도 주변국들의 외교 특성과 차이점

**황재호** 저는 중국 사람들과의 교류를 통해 그들의 습성, 외교술, 협상술에 대해 접하고 관심을 가질 기회가 많았습니다. 같은 사회주의 문화를 공유하고 있지만 러시아는 또 다를 것이라고 생각합니다. 또한 이러한 차이가 6자회담에서 많이 드러났을 것 같습니다. 현장에서 미일중러북 각국의 외교협상 특성과 차이점을 어떠했는지요?

**위성락** 말씀하신대로 6개국의 외교술 또는 협상문화는 상이한 면이 많이 있습니다. 교수님께서도 아시다시피 지역학 연구에 있어서도 그 국가 또는 지역의 습속, 기질, 전통, 문화들을 잘 알아야 합니다. 그리고 이러한 특성들은 각국의 외교 스타일에도 그대로 영향을 끼칩니다. 그러나 각국이 외교적 협상 대상 또는 이슈에 따라 다른 접근법을 취하는 것이 당연하기 때문에 저는 한반도 문제로 범위를 좁혀서 그들의 외교 스타일을 말씀드리겠습니다.

6자회담 과정에서 살펴보면 성향 상 미국과 북한은 양 극단에 위치해 있습니다. 순서대로 일본은 미국에 제일 가깝고, 중국은 북한에 제일 가깝습니다. 그리고 러시아가 중국 다음으로 북한에 가까우며 한국의 경우 진보와 보수 진영에 따라 중앙 또는 일본만큼 미국에 가깝게 자리 잡고 있습니다.

다음으로 지정학적 이해관계와 북한의 비핵화 문제에 있어 중국은 지정학적 이해관계를 더욱 더 중요하게 생각합니다. 그러므로 중국의 한반도 정책은 지정학적 이해관계와 북한의 비핵화 사이에서 중도적 입장이 강하나 지정학적 이해의 문제가 직접적으로 결부될 시에는 비핵화 문제를 타협하는 경우가 많습니다. 또한 미중 경쟁과 대립 요소가 변수로 작용하여 결과적으로 중국의 대한반도 정책은 매우 복합적이고 모순적인 경향이 강합니다.

**황재호** 러시아의 경우는 어떤가요?

**위성락** 러시아는 중국과 전체적으로 유사하지만 뉘앙스가 다른 점이 있습니다. 먼저 러시아는 한반도 문제에 있어 중국보다 지정학적 이해관계는 적은 반면 북한의 비핵화 문제에 대한 우려를 더 크게 표명합니다. 러시아는 과거 냉전시기부터 미국, 서구 열강들과 함께 핵확산금지조약을 주도하던 국가로 자신의 영향력하에 있는 국가들의 비핵화 문제를 철저하게 관리해오던 국가입니다. 비록 소련이 붕괴되는 과정에서 북한의 핵개발이 이루어졌지만 비핵화에 대한 러시아의 입장은 과거와 유사합니다. 미국과의 관계에 있어서는 러시아 역시도 중국과 마찬가지의 입장입니다. 만약 우리가 러시아를 한반도 문제 해결에 활용한다면 비핵화 문제에 초점을 맞출 필요가 있습니다.

외교 스타일의 경우, 러시아는 보다 직선적이고 과격하며 거친 측면이 있습니다. 중국은 미묘하게 다르지만 전반적으로 묵직하게 자신의 의견을 관철시키려는 경향을 가지고 있습니다. 중국은 하나의 일관된 논리를 가지고 외교적 입장을 밀어붙이기보다는 모호한 외교적 용어를 내세워 운신의 폭을 넓혀두는 경향이 있고, 이를 통해 자신들이 원하는 방향으로 결과를 도출하려는 모습을 보입니다.

**황재호** 미국은 어떤가요?

**위성락** 저는 외교부에 들어와서 미국과 관련된 업무를 약 20년 동안 맡았습니다. 제 경험상 미국의 외교 방식의 경우 겉으로는 러시아에 비해 부드럽지만 직선적이고 과격한 측면은 동일하게 나타나는 것 같습니다. 저는 이것이 대국의 특징이라고 생각합니다. 미국 역시도 러시아에 비해 상대의 의견을 경청하는 듯한 모습을 보이지만 결국에는 자신들의 주장을 밀어 붙이는 경향이 강합니다. 미국은 러시아와 중국 등 다른 대국들에 비해 다원화된 사회이기 때문에 상대의 의견보다는 자신들 내부의 의견에 더욱 집중하는 경향을 보입니다. 그렇기 때문에 우리가 미국과의 외교관계에서 목소리를 높이기 위해서는 미국 내부의 목소리를 끌어낼 필요가 있습니다. 즉, 미국 언론, 국회, 국방부 등을 활용해서 우리의 의견이 반영될 수 있는 환경을 조성하는 것이 중요합니다.

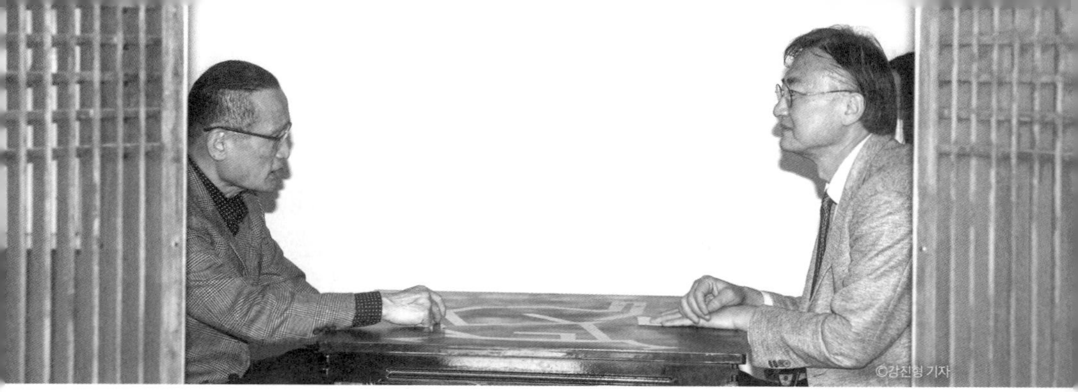


### 우리는 독일처럼 통일 준비되었나?

**황재호** 여쭤보고 싶었던 것이 있습니다. 많은 이들이 역사적으로 독일 통일에 있어서 헬무트 콜의 역할이 상당히 컸다고 말합니다. 그렇다면 미하일 고르바초프(Gorbachev)의 영향력은 어땠을까요? 또한 훨씬 다원화된 미국사회에서 헬무트 콜에 대한 조지 H. W. 부시 개인의 전폭적인 신뢰와 지원이 가능했던 이유는 무엇일까요? 반대는 없었을까요?

**위성락** 물론 독일 통일에 있어서 헬무트 콜과 참모진의 역할이 가장 컸다고 할 수 있습니다. 그러나 고르바초프 역시도 독일 통일을 지지하고, 결정적인 순간에 대승적 결단을 내렸던 것이 사실이며 조지 H. W. 부시(Bush) 역시 독일 통일에 있어서 가장 큰 조력자였습니다. 많은 미국 역사학자들이 근세 미국 외교에 가장 성공적인 외교정책으로 조지 H. W. 부시의 독일 통일 지원을 꼽고 있으며 당시 브렌트 스코크래프트(Brent Scowcroft)를 위시한 참모진은 미국 외교 역사상 최고의 드림팀으로 불립니다. 이들의 역할이 독일 통일에 결정적이었다고 생각합니다. 당시 조지 H. W. 부시와 그의 참모진의 매우 전향적인 외교적 결단은 탈냉전 시기의 문제를 탈냉전 방식으로 풀어간 가장 대표적인 정책으로 것입니다. 당시 조지 H. W. 부시와 참모진이 없었다면 독일 통일은 이루어지지 않았을 것입니다. 고르바초프는 역시도 조지 H. W. 부시의 결단이 있었기 때문에 이를 거스르지 않고 동의했던 것입니다. 영국의 대처 수상은 독일 통일을 반대했지만 국제사회의 흐름을 거스를 수는 없었습니다.

**황재호** 독일 통일과 마찬가지로 한반도에서 통일의 시기가 올 것인데 주변국의 입장이 매우 중요할 것 같습니다. 그때가 온다면 그들의 리더십이 우리에게 우호적일 수 있을까요?

**위성락** 비극적이고 안타까운 이야기이지만 현재 우리가 가지고 있는 외교 역량을 고려했을 때는 어려운 측면이 있습니다. 과연 한반도에서 통일의 기회가 찾아올 때, 우리의 정치권력, 관료, 언론, 학계, 시민사회 등의 의견을 수렴하여 정부가 대국적인 결단을 내릴 수 있을 것인가에 대해 저는 부정적입니다. 독일은 통일 이전부터 헌법상에 통일에 대한 제도적 장치를 마련해 두고 있었으며 이를 운영할 역량도 갖추고 있었습니다. 또한 국제사회의 역량과 결단이 이루어질 수 있는 분위기도 조성이 되어 있었습니다. 이에 반해 우리는 당시 독일과 같은 역량을 가지고 있지 못합니다.

**황재호** 주변국들은 어떤가요?

**위성락** 한반도의 통일에 있어서 가장 중요한 부분은 미국의 생각과 역할일 것입니다. 러시아의 경우, 한반도 통일에 있어 러시아는 중국보다는 비교적 더 전향적인 입장을 가지고 있습니다. 극동지역 개발에 대해 고민이 많은 러시아의 입장에서는 이 지역을 발전시키는 것이 과제입니다. 러시아가 한반도의 평화 또는 통일로 기대하는 것은 동아시아 지역경제와 극동지역의 연결을 통한 경제 활성화입니다. 그러므로 러시아는 한반도 통일에 있어서 한국 주도의 통일방안에 더욱 우호적인 입장을 가지고 있습니다. 때문에 우리의 입장에서는 통일을 위해 러시아를 외교적으로 더욱 적극적으로 활용할 필요가 있습니다.

중국의 경우에는 지정학적 이해관계로 인해 한반도 통일에 적극적일 수 없는 상황이고, 현상유지를 추구하는 경향이 강합니다. 중국의 경우 주한미군의 존재를 고려하지 않을 수 없습니다. 한반도가 통일된다면 미군이 중국의 바로 앞에 위치하게 되기 때문입니다. 결국 미국의 역할이 절대적인데 만약 한반도 통일의 기회가 찾아올 때, 미국이 현상유지를 원한다면 이를 설득하고 통일의 길로 나아갈 역량을 우리가 갖추고 있는가에 대해서는 회의적입니다.

## 북방정책과 신북방정책

**황재호** 대사님께서는 오랜 시간 러시아 대사로 계셨습니다. 이번 정부의 신북방정책에 대해 평가해주시면 감사하겠습니다. 같은 이름의 노태우 정부 북방정책과는 무엇이 같고 어떻게 다른가요?

**위성락** 위에서 제가 과거 노태우 정부의 북방정책의 몇 가지 아쉬운 점 또는 문제점을 이야기했습니다. 그리고 이를 통해 몇 가지 과제를 도출할 수 있었습니다. 이러한 점들을 고려하면 이번 정부의 신북방정책은 과거 북방정책을 통해 도출한 과제에 대해 성찰은 없었습니다. 여전히 외교 철학의 빈곤상태입니다. 1990년대 초 북방정책 이후 매번 정권이 들어설 때마다 러시아와의 관계를 강조하며 유라시아 이니셔티브(Eurasia Initiative), 가스 및 철도 연결 등의 대전략을 내세웁니다. 그러나 이러한 대전략들은 실질적인 경제성이 없는 정책이며 러시아 역시도 이것이 효용성이 없다는 것을 잘 알고 있습니다. 우리가 신북방정책을 효과적으로 추진하기 위해서는 과거의 북방정책의 미진한 점을 파악하고 발전시켜야 하는데 우리는 매번 실현 가능성이 낮은 새로운 전략만을 앞세우고 있습니다. 러시아와의 관계를 발전시키고 신북방정책이 성공을 거두려면 실현가능성이 있는 내실 있는 작은 프로젝트라도 성공시켜 성공사례를 축적해야 하며 이를 통해 전략을 발전시켜야 합니다.

그리고 성공사례를 축적하기 위해서는 우리가 가지고 있는 경쟁력을 우선적으로 살펴보아야 합니다. 예를 들어 우리는 러시아와 비자면제제도를 가지고 있습니다. 이러한 강점을 가지고 우리는 관광, 의료 등 실현 가능한 협력을 추진해야 합니다. 에너지, 석유, 가스 개발 등은 실현 가능성이 매우 낮으며 경쟁력도 부족합니다. 저는 거대담론이 초래하는 폐해를 마주해왔고, 더 이상 이러한 실수를 반복하지 말아야 한다는 점을 강조하고 싶습니다.

### 새로운 국제질서와 한국의 역할

**황재호** 코로나 위기 이후 국제사회와 외교 전반의 시대적 분위기가 바뀔 것 같습니다. 한국 외교에 있어서 새로운 블루오션은 무엇일까요? 여기에 한국 외교가 할 만한 새로운 역할이 있을까요?

**위성락** 말씀하신대로 분명 한국 외교가 파고들 공간이 충분히 있습니다. 우리는 역사적으로 주변 강대국에 둘러싸여 있는 국가이며 강대국의 경쟁 속에서 분단, 핵 문제 등과 같은 매우 어려운 문제들을 직접적으로 마주하고 있습니다. 이러한 상황에서 반전을 이끌어내기 위해서는 미중 경쟁 및 대립을 위시한 강대국들과의 관계에서 마찰이 아닌 중재와 협력을 이끌어낼 수 있는 가교 역할을 할 수 있는 국가로 성장해야 합니다.

**황재호** 한국이 G7에 가입할 가능성은 있을까요?

**위성락** 사실 G7 회의에 참가하는 것은 국제관례상 초청을 받은 것으로 항상 특정 국가들이 G7 회의에 참가국 자격으로 회의에 참여하곤 합니다. 그러나 이것은 일회성의 이벤트에 불과합니다. 그렇기 때문에 G7 회의 참여 자체에 큰 의미를 둘 필요는 없다고 생각합니다. 다만 현재 미국이 G7을 소위 G10으로 확장하려는 의도를 가지고 있기 때문에 이러한 측면에서 한국이 인도, 호주 등과 함께 G10에 가입할 가능성은 충분히 열려 있습니다. 가능성이 아예 없는 것은 아닙니다.

**황재호** 그렇다면 쿼드 문제 같이 미국이 원하는 기대를 충족시켜야 할 부분이 있을 것 같습니다.

**위성락** 미국이 G7을 G10으로 확장하려는 것에는 명확한 의도가 있습니다. G10 계획에는 중국과 러시아가 포함되어 있지 않습니다. 즉, 미국은 G10을 통해 자신들의 세력에 속하는 국가를 늘리고 중국과 러시아를 이로부터 배제하려는 것입니다. 한국의 입장에서 G10에 가입하는 것을 반대할 이유는 전혀 없습니다. 국제사회의 모든 문제가 마찬가지이지만 외교적인 선택에 있어서 기회비용을 짊어지는 것은 당연한 것이고, 이를 통해 발생하는 리스크는 당연히 고려해야 하는 부분입니다. 미국이 원하는 대로 G7이 G10으로 확대되어 우리가 거기에 가입한다면 미국의 영향권에 더욱 가까이 가는 것이고 이를 통해 발생할 문제들에 대응해야 함은 불가피합니다.

**황재호** 저는 예전부터 쿼드를 참여하려면 논의 초기 단계부터 했어야 지금과 같은 딜레마가 적었을 것이라고 생각합니다. 그러나 지금 참여하는 것은 늦었다고 보는 입장입니다. 차라리 상황을 보고 가능한 한 늦게 쿼드에 참여하는 것이 좋다고 생각하는데 이에 대해 어떻게 생각하시나요?

**위성락** 명확한 정답은 없다고 생각합니다만 분명 우리가 쿼드에 참여하고자 한다면 그 시기를 놓친 것은 사실입니다. 만약 우리가 기능적, 실용적 영역에서 쿼드가 논의되었던 초기 단계에 참여했었다면 가장 좋았을 것입니다. 그러나 현재는 중국이 이미 쿼드를 반중 결사체로 규정한 상황이며 이러한 상황에서 우리가 쿼드에 가입하게 된다면 매우 큰 리스크를 짊어지게 됩니다. 미중관계의 경쟁 및 대립 구도가 종합적이고 압도적인 상황에서 우리가 한쪽을 선택하지 않고 문제를 회피하는 것은 어려우며 확실한 결단이 필요합니다. 제가 말하는 결단은 미국이나 중국 중 한 쪽의 편에 서라는 것이 아닙니다. 제가 강조하는 것은 한국이 설 좌표를 선택하라는 것입니다. 지금처럼 중국이 한국 외교의 방향성에 불만을 제시하면 중국을 지지하고, 미국이 한국 외교의 방향성에 불만을 제시하면 미국의 편에 서는 이러한 태도를 버려야 한다는 것입니다. 지금과 같은 상황이 반복되면 미중에게 끝없이 휘둘릴 수밖에 없습니다. 사드 문제가 발생한 이유도 이러한 태도에서 초래된 것입니다.

**황재호** 우리는 현재 쿼드와 관련하여 프레임 속에 갇혀버린 느낌이 있습니다. 사실 한국 외교부가 외교적 용어를 잘 사용하지 못했고, 적절한 대응을 하지 못한 듯합니다.

**위성락** 저는 쿼드 문제에 있어서는 정부의 결정이 그대로 내려온 것으로 생각합니다. 우리의 입장에서 쿼드에 가입한다 하더라도 호혜적 협력영역에 국한된 적극적 참여의 목소리를 내는 것이 중요할 것으로 생각합니다. 또는 쿼드에 직접적으로 가입하지 않더라도 2선(second tier) 정도로 준회원국 방식의 참여를 선택하는 것도 생각해 볼 수 있는 방안이라 생각합니다.

**황재호** 쿼드 문제에 있어 중국이 우려하는 것은 현재의 쿼드가 주장하는 연성 이슈에서의 협력이 나아가 경성 이슈의 협력으로 이루어져 중국을 압박하는 상황이 조성되는 것이라고 생각합니다.

**위성락** 제가 사드 문제가 발생했을 때도 이야기 했던 부분인데 사드 문제는 한국이 문제를 확대시킨 경향이 큽니다. 사드 도입에 대해서는 이미 김대중 정부에서부터 처음 논의가 된 사안이며 이를 도입하고자 했다면 미중 사이에서 프레임을 확실하게 설정했어야 했습니다. 가령 우리가 사드를 도입하기로 결정을 내렸다면 중국에게 사드 도입의 근본적 목적이 한반도 위협 상황에서 북한에 대한 견제 목적임을 강조하고, 중국이 우려하는 미국의 중국에 대한 군사적 견제에 관한 부분을 철저하게 관리할 것을 명시해야 했다고 생각합니다. 그러나 우리는 그러지 않았고 결국 중국에게 제대로 입장을 밝히지도 못한 채 미국주도의 사드 배치가 시행되었습니다. 쿼드 문제에 있어서도 우리가 해야 할 가장 중요한 부분은 아까도 말씀드린 것과 마찬가지로 우리의 외교 좌표를 어떻게 설정하고 일관성 있게 명확한 정책방향을 고수할 것인가 입니다. 그리고 이를 바탕으로 미국과 중국 사이에서 영민한 대처를 하는 것이 중요합니다.

## 미중관계 속 한국 외교의 방향

**황재호** 복잡성이 증가하는 국제정치 상황과 더불어 미중경쟁 및 갈등이 심화되면서 한국의 입장에서 미국과 중국 중 한쪽을 택해야 하는 것이 아닌가 하는 압박 역시 존재합니다. 미중관계 속에서 한국은 어떠한 입장을 취해야 할까요?

**위성락** 미중관계 속에서 상당한 딜레마를 가지고 있는 한국의 입장에서 무엇보다도 중요한 것은 정확하고 일관된 정책방향과 외교적 입장을 확립해야 한다는 점입니다. 이에 저는 현재 우리가 처한 외교적 입장과 나아가야 할 방향성을 시계에 비유하고 싶습니다. 지금까지 우리는 미국이 우리를 3시 방향으로 잡아당기려고 하고, 중국이 우리를 9시 방향으로 잡아당기려 한다면 우리는 10시 방향, 2시 방향, 12시 방향 등 일관성 없는 정책 방향을 설정해 왔습니다. 그러나 앞으로는 정확하고 일관된 정책방향을 설정할 필요가 있습니다. 일본의 경우에는 2시, 호주는 2시 반, 인도는 12시 반 정도를 선택하여 일관성을 유지하고 있습니다. 미국의 동맹인 우리의 입장에서는 진보 및 보수 정권에 따라 다르겠지만 1시(진보) 내지 1시 반(보수) 방향의 정책을 선택하는 것이 좋다고 생각합니다. 가령 쿼드 문제에 있어서도 우리가 1시 방향을 선택한다면 쿼드에 참여하지 않겠다는 입장보다는 우리가 협력할 방안을 찾고 방법을 마련할 것이라는 외교적 입장을 내세울 수 있을 것입니다.

복합적인 미중관계 속에 끼어있는 우리의 입장에서 가장 안전한 방법은 미국과 중국이 내세우는 정책방향 중 한 쪽에 경도되지 않는 것입니다. 그런데 지금까지 우리 외교를 살펴보면 중국이 주장하는 일대일로, 아시아 인프라 투자은행(AIIB)에는 모두 참여하는 반면 미국이 주장하는 협력체 및 정책방향에는 적극적으로 참여하지 않고 있습니다. 이는 중국의 압박에 비해 미국의 상대적으로 부드러운 태도를 보이기 때문입니다. 앞으로 한국 외교의 좌표를 설정하는데 있어서는 원칙이 필요합니다. 쿼드의 경우에도 참여, 비참여 등 극단적인 선택보다는 이슈별로 접근할 필요가 있습니다. 협력할 영역을 찾고 접근한다면 미중관계 속에서 우리의 역할을 제대로 수행할 수 있을 것입니다.

### 나는 '균형을 맞추며 좌표를 조정하는 사람'

**황재호** 마지막으로 본인을 정의할 수 있는 단어가 있다면 무엇일까요?

**위성락** 저는 제 자신이 한 가지 단어로 규정할 수 있을 만큼 단순하지 않고 복잡한 사람이라고 생각하지만 굳이 한 단어를 꼽자면 이상주의를 버리지 않는 현실주의자라고 제 자신을 정의하겠습니다. 하지만 저는 현실주의에 경도된 사람은 아닙니다. 제 속에서 현실주의와 이상주의가 끊임없이 경합하고 있으며 저는 그 과정에서 이 두 가지 생각이 관념이 균형을 맞추며 좌표를 조정하는 사람으로 정의할 수 있겠습니다.

또한 과거 한 신문에서 제 인생에 가장 큰 영향을 끼친 책 10권을 꼽아달라고 했을 때 저는 그중에서 마키아벨리와 맹자의 책을 선택했었습니다. 아시다시피 마키아벨리는 현실주의자이며 맹자는 이상주의자에 가깝습니다. 저는 기본적으로 이상주의적 성향을 가지고 있었고, 대학에 와서 현실주의에 대해 본격적으로 배우게 되었습니다. 그리고 저는 외교부에서 근무하며 강대국 정치, 현실주의적 국제정치를 경험하면서도 그 안에서 이상주의적 접근을 계속해 왔습니다. 저는 현실을 냉정하게 바라보면서도 미래에 대한 이상을 버리지 않는 것이 가장 중요하다고 생각합니다.

제8장

# 한국, 초당외교와 일관된 정책 펼쳐야

**김종휘** 전 외교안보수석

**김종휘** 미국 베이츠대학교에서 정치학을 전공하였고 컬럼비아대학교에서 석사, 박사 과정을 마쳤다. 1961년부터 1964년까지 주유엔대표부에서 근무하였으며 1965년부터 1988년까지 국방대학교 교수로 재직하였다. 한국국제정치학회 회장, 영국국제전략문제연구소(IISS) 한국위원회 회장, 미 헤리티지재단 초빙석좌연구원을 역임하였으며 1988년부터 1991년 청와대 외교안보보좌관, 1990년부터 1991년까지 남북고위급회담 대표를 거쳐 노태우 정부 5년 동안 외교안보보좌관, 외교안보수석비서관을 지냈다.

©박현구 기자

## 노태우 정부의 외교안보 기조

**황재호** 노태우 정부의 외교안보 사령탑이셨습니다. 먼저, 6공 외교에 대한 전반적인 시각 또는 자세(stance)에 대해 여쭤보고자 합니다.

**김종휘** 네가지로 말씀 드릴 수 있겠습니다. 첫째, 외교안보를 종합적으로 바라보는 자세를 가지고 있었습니다. 가령 미국은 제2차 세계대전의 결과에 따라 군을 통합하여 국방부를 통합하였고 합참, 안보회의, 백악관 안보 보좌관실을 신설했습니다. 한국 역시도 이처럼 안보회의를 만들었으나 사실상 이러한 조직들이 따로따로 기능하였습니다. 예를 들어 외무부는 정무수석 산하에 외교비서관을 두고 있었는데 사실상 정무수석은 국내 문제를 다루지 외교전문가는 아니었습니다. 또한 국방부문은 행정수석이 담당하였는데 행정수석 역시 국방업무에 대해 제대로 알지 못했습니다. 결국 통합된 외교안보 정책을 운영하지 못했던 것입니다. 이후 제가 있던 제6공화국 때 외교안보를 담당하는 종합적인 조직이 생겨났고, 현재와 같은 청와대 조직 내 외교안보 담당이 발전할 수 있었던 것입니다. 이렇듯 당시 노태우 정부의 외교안보는 보다 통합되고 종합적인 운영을 하겠다는 것이 중요한 포인트였습니다.

둘째, 외교안보 이슈에서 한반도 문제를 우리가 주도해야겠다는 인식이 있었습니다. 물론 당시에도 자주외교, 자주국방이라는 단어가 거론되었으나 국력상 주도적인 입장을 가지기 보다는 끌려 다니는 경향이 컸습니다. 그래서 제6공화국이 들어선 이후에는 적어도 남북 문제, 통일 문제에 대해서는 우리가 주도하겠다는 입장을 가졌고 미국에게도 남북 문제에 대해서는 한국이 주도하고 미국이 협조와 지원을 해주는 방식을 취해주기를 요구했었습니다. 핵 문제 역시도 우리가 주도할 것이라고 밝혔고 실제로 한국이 핵 문제를 다룰 수 있다는 것을 증명하기 위해 국내 핵 관련 교수 및 연구진을 미국으로 파견하기도 했습니다. 또한 평시작전 통제권 역시도 제6공화국에서 주장하여 얻어낸 성과입니다.

셋째, 선제적 외교안보정책을 시행하겠다는 기조를 가지고 있었습니다. 우리가 흔히 박정희 대통령 때부터 이야기해오던 능동외교, 적극외교를 주장했으나 사실상 국력 및 여건이 부족하고, 냉전체제의 영향으로 인해 이를 제대로 실시하지 못했습니다. 이후 제6공화국에서 선제적 외교안보정책을 본격적으로 시행하게 되었습니다. 예를 들어, 미국에서 정책을 결정하고 이에 대한 논의를 마치면 우리가 협상 및 수정할 가능성이 매우 낮습니다. 그렇기 때문에 제6공화국 때는 대부분의 이슈들에 대해 우리가 먼저 정책을 제기했고, 용산기지, 전시작전통제권, 남북협상 문제, 북방외교 등 대부분을 우리가 주도하였습니다.

또 하나의 기조는 대통령이 주도하는 외교안보 정책입니다. 왜냐하면 한국의 경우 장관의 수명이 매우 짧기 때문입니다. 임기 1년 반만 되어도 너무 오래 했다고 언론부터 교체하라고 아우성입니다. 물론 최근에는 청문회 과정과 다양한 의견종합, 정책결정 등을 통해 임기가 늘어났지만 아직도 장관의 임기가 길지 않습니다. 이러한 장관의 짧은 임기는 정책의 연속성을 만들어내기 힘들고 주도적으로 정책을 시행할 수 없도록 만듭니다. 그렇기 때문에 제6공화국 당시에는 대통령이 주도하여 큰 흐름에서 장기적으로 외교안보 정책을 진행하도록 했습니다.

## 북방정책의 네 가지 의의

**황재호** 노태우 정부의 북방정책은 과거 서방위주의 절반외교에서 또 다른 절반을 찾아왔으며, 또 북한만을 대상으로 하지 않고 동북아시아와 통일된 한반도의 지위까지도 장기적으로 고려하였습니다.

**김종휘** 네. 저는 북방정책은 네 가지 의의를 가진다고 생각합니다. 북방정책은 우리의 외교망을 넓혔습니다. 우리가 생각했던 외교는 미국, 일본, 유럽, 그리고 일부 친서방 중심의 중립국가들뿐이었고 이것은 말씀하신 것처럼 반쪽 외교였습니다. 그래서 당시 북방정책의 목표는 러시아, 중국, 베트남 등으로 외교의 영역을 넓히고 유엔(UN)에 가입하여 우리가 가진 국력 이상의 영향력을 가질 수 있도록 하겠다는 것이 목표였습니다.

다음 북방정책은 경제영역과 관련이 있습니다. 우리가 수출주도의 정책을 펼쳤으나 결국 주로 미국, 유럽, 남미 뿐이었습니다. 거대한 자원을 보유하고 있는 러시아, 인구대국인 중국 등에 대한 수출을 확대하고 경제 활동영역을 넓히는 것이 또 하나의 목표였습니다.

셋째, 북방정책의 목표는 안보체제를 탄탄하게 만드는 것이었습니다. 만약 북한의 군사력 증강과 위협에 대해 우리가 동일하게 대응하여 군사력을 늘리고 예산을 소요하는 방식은 대학교 학점으로 치면 C학점밖에 받지 못할 것입니다. B학점을 받기 위해서는 동맹 국가들을 끌어들여 공동으로 북한에 대해 대응할 수 있도록 하는 것입니다. 마지막으로 A학점을 받기 위해서는 북한에 대한 지원세력들을 우리의 편으로 만들어 사전에 북한의 세력성장을 차단하는 것입니다. 북방정책을 통한 중국과 러시아와의 교류는 북한에 대한 중국,

러시아의 지원 및 무기 공급을 줄이는 데 큰 역할을 했습니다. 이렇듯 북한에 대응하기 위한 국방비를 줄임으로써 우리는 정부예산을 경제, 사회복지 등 다른 분야에 사용할 수 있게 되었습니다.

마지막으로 북방정책의 목표는 통일과 관련이 있었습니다. 전통적으로 북한은 자신들이 어려운 상황에 처했을 시 대화를 요구합니다. 제6공화국 역시 지속적으로 북한과의 소통을 이어갔으며 남북대화의 틀을 구축하는 데 큰 역할을 했습니다. 또한 통일을 위해서 중요했던 것이 바로 통일을 반대하는 세력을 제거하는 것입니다. 당시 중국과 러시아가 남북통일을 반대하는 상황을 만들지 않도록 하기 위해서라도 우리에게는 중국과 소련과의 화해가 필요했습니다. 독일의 통일 역시도 고르바초프가 거부권을 행사했다면 쉽게 이루어지지 않았을 것입니다. 결과적으로 북방정책은 단순히 중국, 또는 러시아에 대사관을 설치하는 것을 넘어 북방지역과의 외교를 통해 남북통일에 대한 반감을 줄이고, 평화적 협력 분위기를 형성하기 위해서도 중요했습니다.

## 한국 외교의 황금기

**황재호** 80년대 후반에 노태우 정부가 한국전쟁 이후 오랜 적대국이었던 중국 및 구소련 공산권 국가들에 대한 전향적인 외교를 선보였습니다. 북방정책이라는 이름은 어디서 나온 것인가요?

**김종휘** 사실 당시 정부에서는 북방외교 또는 북방정책이라는 슬로건을 그렇게 선호하지는 않았습니다. 제5공화국 당시 이범석 외무부 장관이 국방대학에서 강의를 진행하면서 사용했던 용어를 그대로 차용한 것입니다. 당시 노태우 정부는 중국 및 구소련 공산권 국가들에 대한 새로운 외교를 펼치면서 나중에 북방외교 또는 북방정책이라는 표현을 사용한 것이지 처음부터 이 용어를 슬로건으로 따온 것은 아닙니다.

**황재호** 그러한 논의가 정확하게 언제쯤부터 이루어진 것일까요? 노태우 정부 출범 때부터 만들어진 것인지 또는 중반 이후부터 만들어진 것인지 궁금합니다.

**김종휘** 노태우 대통령의 한 가지 특징으로 듣기 싫은 말을 잘 경청한다는 점입니다. 제 경우에도 대통령과의 국제안보 문제에 대한 보고는 문서보다도 대화를 통해 보고가 이루어지는 경우가 많았습니다. 사람마다 다를 수 있겠지만 저는 하루에도 몇 번씩 뵙거나 통화를 하고 이야기를 나누었고 이것이 북방외교 및 정책에 반영되는 데 큰 역할을 했다고 생각합니다. 즉, 이러한 논의는 단계적으로 진행되었던 것이지 누군가가 이에 대한 문서를 만든 것도 아니고, 이러한 목표에 대해 제시한 보고서가 있었던 것도 아닙니다.

**황재호** 그렇다면 북방정책 및 외교 등을 종합적으로 총칭한다면 노태우 대통령의 외교 독트린으로 생각할 수도 있을까요? 또는 이후에 이러한 내용을 집대성한 자료 등은 없을까요?

**김종휘** 이후에 이에 대해 다룬 자료들은 따로 없습니다.

**황재호** 몇 십 년이 지나서 이렇게 돌아보면 외교사적으로 수석님께서 계셨던 시기가 한국 외교의 대도약기, 대전진기, 또는 황금기라는 느낌을 많이 받습니다.

**김종휘** 한국은 비록 작은 국가이지만 촉매제(catalyst) 역할을 하는 국가인 것

©박현구 기자

을 알 수 있습니다. 냉전이 종식되고 독일이 통일이 되는 등 유럽 및 서구지역에서 국제사적으로 역사적인 사건이 발생할 동안 아시아에서 이루어진 정세 변화는 크게 많은 것이 없습니다. 한국이 오히려 한러, 한중, 한-베트남 수교 등 다양한 변화를 이끌어내는 등 기존질서를 해체하고 재정비하는 촉매제 역할을 했다고 감히 얘기할 수 있습니다.

**황재호** 노태우 정부의 대외정책을 북방정책으로만 한정할 수는 없을 것 같습니다.

**김종휘** 그렇습니다. 사실 제6공화국 당시 대미외교에도 의전에서부터도 상당한 변화가 있었고 우리의 위상이 상당히 높아졌습니다. 그리고 6자회담의 경우 많은 사람들이 제6공화국에서 시작되었다는 말을 하는데 이것은 잘못되었습니다. 물론 노태우 대통령이 첫 UN 연설에서 6자회담 이야기를 꺼낸 것은 사실이나 이것은 미국에서 먼저 제안했던 것입니다. 나중에 보다 구체화되었으나 6자회담을 하게 되면 이미 남북 간 협상으로도 골치 아픈 문제를 6개국이 이해하고 협상하는 상황이 오기 때문에 더욱 해결되기 어려운 문제로 나아가는 것입니다. 독일의 경우, 주변국들과의 협력이 지속적으로 이어져 온 상황이었고 통일에 대한 전반적인 합의가 마쳐진 상황이었습니다. 그러나 한국의 경우는 역사적으로도 중국, 일본과의 갈등이 남아있는 상황이었고 미국과 러시아의 갈등 역시도 남북 문제를 해결하는 데 큰 도움이 되지 않는다고 판단하였고 저는 이러한 6자회담에 대해 반대하는 입장이었습니다.

**황재호** 현재 6자회담은 유명무실합니다. 중국 및 일부 국가에서는 현실적으로 4자회담을 시작하는 것에 대해서 논의가 나오고 있습니다. 이러한 형태의 회담을 재개하는 것이 북핵 문제 해결이 도움이 될 수 있을까요?

**김종휘** 기본적으로 가장 중요한 것은 북한이 대화를 할 수 있도록 하는 여건을 만들어주어야 합니다. 북한이 대화에 참여하도록 위해서는 북한이 어려운 상황에 처하도록 만들어야 합니다. 제6공화국 당시에도 북한과의 대화가 있었으나 중국이 재차 북한에 대한 암묵적 지지를 표현했고, 결국 노태우 정부 말에는 북한과의 대화가 거의 이루어지지 않았습니다. 이후 김대중 정부로부터 상당한 경제적 지원을 받은 이후에는 미국 또는 러시아와의 대화에 관심을 가졌지 한국과의 대화 의지는 매우 낮았습니다. 문재인 정부에서도 미국과 대화할 창구를 마련해주니 미국과 직접 대화하려 하고, 한국을 상대적으로 배제하는 모습을 보였습니다. 미안한 이야기지만 북한과의 대화를 위해서는 북한이 어려움에 처하는 요건을 조성하고, 이후 대화에 있어서 단호함과 유연함을 동시에 갖춰야 할 것입니다.

## 만족스러웠거나 아쉬웠던 부분들

**황재호** 수석님께서는 5년 동안 많은 일들을 하셨습니다. 시간이 지난 지금 돌아보셨을 때, 그래도 가장 만족스러웠던 부분 또는 아쉬웠던 부분이 있다면 무엇이 있을까요?

**김종휘** 마지막에 1-2년만 시간이 더 주어졌다면 남북관계가 조금 더 발전했지 않았을까 하는 아쉬움은 있습니다. 당시 기본합의서는 작성되었으나 이것이 실질적으로 진척이 되지 않은 상황이었습니다. 이 부분을 발전시키지 못했던 것이 아쉽습니다. 한 가지 더 말씀을 드리자면 우리는 지금 과거 청산, 적폐 등에 대해 너무 몰입하는 경향이 있는 것 같습니다. 어느 정부, 정권이든 공과가 분명하게 존재합니다. 공은 이어받아 계속해서 발전시키고, 과는 보완하여 발전시킬 필요가 있는 것인데 우리는 새로운 정부가 출발하면 전부 새로운 판을 짜려는 경향이 있습니다. 이것이 아쉽습니다.

**황재호** 문재인 정부가 들어서고 주요 대외정책으로 신북방정책을 내세웠습니다. 이에 대해 어떤 느낌을 받으셨는지 궁금합니다.

**김종휘** 개인적으로 정부에 대한 비판적인 입장을 견지하고 싶은 마음은 없으나 과거 북방정책과 이번 문재인 정부의 새로운 북방정책이 크게 어떠한 차이점이 있는지 파악하기가 어렵습니다. 다만 노태우 정부의 북방정책을 계승했다는 측면에서는 의미가 있을 수 있겠습니다.

**황재호** 수석님께서 계실 당시에는 현재와 같은 미중 사이의 딜레마가 발생하지 않았는데 혹시라도 현재와 같은 미중 사이의 갈등이나 딜레마를 예상하셨는지 궁금합니다.

**김종휘** 당시 중국의 협상 방식은 매우 저자세 외교였습니다. 우리와의 대표단 협상 당시에도 미안할 정도로 저자세를 보였고, 자신들을 후진국으로 평하고 한국을 선진국으로 평가하면서 많이 배울 것이라고 했었습니다. 그리고 현재의 중국은 당시와는 매우 다릅니다. 당시에는 힘을 기르기 전이었으나 이제는 힘을 기르고 일대일로와 같은 대전략을 세워 실행할 만큼 성장했습니다. 당시에도 중국이 성장할 것이라는 생각은 했으나 지금과 같이 대국이 될 것이라는 기대는 하지 않았습니다.

**황재호** 당시에는 중국이 천안문 사태 이후 국제사회의 비판을 받고 있는 상황이었고 심리적으로나 경제적으로 한국과의 수교가 이를 해결할 주요 돌파구로 여겨졌으나 현재는 상황이 많이 역전되었습니다. 현재 상황에서 중국의 전략적 판단에 걸맞은 가치를 가지기 위해서는 우리가 어떤 외교를 펼쳐야 할까요?

**김종휘** 우리가 생각해야 할 것이 한국 역시도 과거 중진국 시절과 달리 현재는 선진국 반열에 들어섰습니다. 또한 군사적으로도 한국의 국방력은 과거와 달리 매우 높은 수준으로 발전하였습니다. 한국의 국방비 지출과 국방력을 살펴보면 영국, 독일보다도 높습니다. 이렇듯 한국의 국제사회에서의 영향력과 지위는 매우 높은 수준으로 올라섰습니다. 다만 한국은 지정학적으로 중국, 일본, 러시아에 둘러싸인 전략적으로 매우 어려운 위치에 처해 있으나 반대로 보면 이것은 전략적으로 보배같은 자리일 수 있습니다.

저는 한국이 전략적으로 미중 사이에서 의연한 자세를 취할 필요가 있다고 생각합니다. 굳이 한쪽에 비굴할 필요도 없고, 괜히 한쪽에 크게 큰소리 칠 필요도 없는 것입니다. 흔히들 한국의 대중, 대미외교를 이야기 할 때, 안미경중이라는 표현을 사용하는데 이는 실질적으로 불가능합니다. 그렇기 때문에 한국은 미중관계 속에서 유연하게 대처할 필요가 있습니다.

**황재호** 내년 2월에 베이징 동계올림픽이 개최됩니다. 그런데 바이든 미 대통령은 벌써부터 이에 대해 보이콧 하겠다는 말을 하고 있고, 다수의 미 동맹국들도 이러한 보이콧에 참여하고 있습니다. 이는 한국에게 큰 압박이 될 것이라고 생각합니다. 한국은 어떤 입장을 취해야 할까요?

**김종휘** 저는 조금 더 지켜 볼 필요가 있다고 봅니다. 적어도 대통령이 직접 베이징을 방문하는 것은 피해야 할 것 같습니다. 다른 정상들이 베이징을 방문하지 않는 상황에서 문재인 대통령만 베이징을 방문하는 것은 국제정치적으로도 큰 부담을 안고 가는 것이므로 좀 더 상황을 지켜보고 유연하게 대처할 필요가 있을 것입니다.

## 한국 외교의 나아갈 방향

**황재호** 내년 새 정부가 들어서고, 향후 한국이 나아가야 할 방향을 생각해보면 한국 외교의 새로운 도약이 필요할 것으로 생각합니다. 향후 한국 외교의 나아갈 방향은 무엇인지요? 우리의 비전은 무엇이어야 하나요? 무엇을 어떻게 추진해야 하나요?

**김종휘** 저는 한국 외교에서 가장 필요한 것이 연속성이라고 생각합니다. 정권이 바뀔 때마다 정책의 단절이 이루어지고 있는데 이를 막아야 합니다. 특히 외교정책에서 공과를 잘 구분하여 계승하고 발전시키는 노력을 해야지 매번 적폐 청산이라는 프레임으로 정책을 단절시키는 것은 좋지 못하다고 봅니다.

**황재호** 이번 문재인 정부의 외교정책은 박근혜 정부의 한반도 신뢰 프로세스와 노태우 정부의 북방정책의 기조를 이어 한반도 평화 프로세스, 신북방정책으로 정책을 추진하는 등 과거 정부의 정책들을 계승 및 발전시키려는 노력도 보인 것 같습니다. 앞으로도 차기 정부 이후에도 한국의 국익에 도움이 될 수 있도록 외교정책들이 연속성을 가지고 추진되었으면 하는 생각입니다.

**김종휘** 저는 다음 정부 때부터는 통일에 대한 대비를 본격적으로 시작했으면 좋겠습니다. 그 누구도 통일이 언제 우리에게 다가올지는 알 수 없습니다. 과거 노태우 대통령도 헬무트 콜 수상과 이야기 했을 때, 콜 수상은 자신을 통일을 이루어낸 총리라고 이야기하는데 자신이 통일을 위해 한 것이 없다고 말했습니다. 물론 이는 과장이 들어간 부분이지만 이러한 발언의 핵심은 통일이 하루아침에 이루어진 것이 아니라는 점입니다. 그 누구도 국제사회에서 어떠한 사건이 발생할 것인지는 알 수 없고 그렇기 때문에 우리는 이에 대해 사전에 대비할 필요가 있는 것입니다.

한반도 평화가 지속적으로 다가오는 상황에서 통일에 대한 대비가 있어야 실제로 통일이 우리에게 갑작스럽게 다가왔을 때 시행착오를 줄일 수 있고, 비용 부담을 줄일 수 있습니다. 통일 이후의 동맹 문제, 미중 관계에서의 입장, 병역 문제, 사회적 문제 등 다양한 내용들을 포괄적으로 준비하는 과정이 있어야 할 것으로 생각합니다.

**황재호** 통일이 된다고 가정했을 때, 어떠한 형태로 통일이 이루어질 것이라고 예측하시는지 궁금합니다.

**김종휘** 한반도에서 가능한 통일의 형태는 먼저 무력통일이 있습니다. 다만 무력통일의 경우 바람직하지도 않고 해서는 안 됩니다. 다음으로 연방제가 있습니다. 사실 제6공화국에서 연방제에 대한 논의가 나왔고 이를 추진했으나 노태우 대통령이 반대했습니다. 연방제는 국민 정서상 받아들여지지 않는 상황이었고, 그렇기 때문에 남북 정상회담 및 총리급회담 등에서 남북 교류에 대한 방법들을 논의하고 합의서에 담는 수준으로 그쳤습니다. 다음으로 흡수통일 방식이 있습니다. 다만 흡수통일은 양쪽에서 모두 합의하기 어려운 내용입니다. 북한이 자신들의 체제와 기반을 포기하고 한국에 포함되려는 생각을 가지지는 않을 것입니다.

**황재호** 지난 몇 년 동안 국내에서는 통일이라는 단어에 대해 거부감을 느끼는 것 같습니다. 그래서 통일 대신 평화 및 공존에 초점이 맞춰지고 있는 상황입니다. 이에 대해 어떻게 생각하시나요?

**김종휘** 향후 한국이 국제사회에서 보다 중요한 역할을 하기 위해서는 국가규모를 키울 필요가 있습니다. 현재 한국의 국가규모는 주변국인 중국, 러시아, 일본에 비해 매우 작습니다. 만약 남북이 평화 및 공존을 통해 통일로 나아간다면 약 7-8천만 명의 인구를 가지게 되고 이는 독일, 이탈리아, 영국, 프랑스보다 큽니다. 이러한 국가규모를 통해 국가를 발전시켜야만 향후 국제사회에서 영향력을 끼치는 선진국으로 보다 도약할 수 있을 것입니다.

또한 통일이 되면 지금까지 남북이 사용했던 막대한 국방비를 줄일 수 있을 것이고 이것이 통일 비용을 일정 수준 상쇄할 수 있을 것입니다. 이러한 통일의 에너지를 바탕으로 국가가 발전하고 동아시아를 넘어 전 세계 무대에서 의미 있는 국가로 나아갈 수 있습니다. 결국 통일은 국가의 운명이고, 이에 대해 본격적으로 대비할 필요가 있습니다.

**황재호** 수석님께서는 중국과의 수교에도 참여하셨는데 중국을 다루는 데 있어서 어떤 방식이 가장 효과적이라고 생각하시나요?

**김종휘** 당시 중국과의 수교에 대해서는 많은 사람들이 생각을 하고 있었습니다. 이미 한중 간 교류가 진행되고 있는 상황이었고, 무역통상 부분에서도 다양한 논의가 이루어지고 있었기 때문에 한중 수교에 대한 전망이 밝은 상황이었습니다. 그러나 러시아와의 관계의 경우, 그때까지만 해도 소련에 대한 반감이 큰 상황이었습니다. 심지어 레이건 대통령은 소련을 악의 제국(evil empire)라고 불렀습니다.

그러나 저는 이러한 상황에서도 한러 수교가 쉽게 될 것이라고 생각했습니다. 지정학적인 이유를 볼 때 러시아는 기본적으로 유럽 국가이며 국제관계상 쇠퇴기를 맞이하고 있었습니다. 이러한 상황에서 아시아 국가들과의 협력이 필요한데 중국은 지정학적으로 가장 큰 이권을 놓고 대립하는 국가이어서 반사적으로 한국과의 수교를 추진할 수밖에 없었습니다. 또한 소련은 경제적으로도 북중 관계가 북러 관계보다 공고한 상황에서 한국과의 수교를 통해 경제적 활로를 개척하고 새로운 무역통상의 길을 열어가는 것이 더욱 낫다는 판단을 했었던 것 같습니다. 이러한 현실적인 요인들이 작용했기 때문에 한소 수교가 적극적으로 추진될 수 있었습니다.

## 나는 '노태우 대통령의 메신저'

**황재호** 수석님의 인생을 돌아보실 때 가장 잊지 못할 장면이 있다면 한 가지 말씀해 주시겠습니까?

**김종휘** 저는 한러 샌프란시스코 정상회담을 성사시켰던 것이 가장 기억에 남습니다. 당시에 정말 긴급하고 긴밀하게 논의가 이루어졌고, 러시아 측에서 저를 먼저 만나고 싶다는 이야기를 한 후 정상회담에 대한 이야기가 오고 갔습니다. 정상회담이 성사될 것인가에 대해 불안감도 컸으나 결과적으로 노태우 대통령과 고르바초프 대통령의 정상회담이 성사되었고 그것이 제 인생에서 가장 기억에 남는 순간이라고 할 수 있습니다.

**황재호** 마지막으로 수석님을 한 단어로 스스로를 표현한다면 어떻게 정의할 수 있을까요?

**김종휘** 저는 노태우 대통령의 메신저로 제 자신을 표현할 수 있을 것 같습니다.

제9장
# 마무리

한국 외교는 매 정부의 임기 5년마다 새로운 이슈를 제기하고 국제사회에서 외교지평을 넓히는 집행력에는 나름 긍정적인 평가를 받았다. 그러나 정책의 지속성이 보장되지 않고, 정책의 단절로 인한 국제사회의 한국 외교에 대한 불신은 한국 외교가 넘어야 하는 중요한 도전이다. 뿐만 아니라 한국 외교가 스스로 정책의 오차범위를 줄여 나가는 것도 또 다른 중요한 도전이다. 강대국들의 외교적 실책이 자국의 국익에 미치는 부정적 영향력에 비해, 한국의 경우 작은 실수 하나가 국가에 미치는 타격이 매우 크기 때문이다.

국제질서의 불확실성과 한반도의 불안정성이 확대되는 현 시점에서 한국 외교의 방향성과 대응력이 그 어느 때보다 강력하게 요구된다. 한국 외교의 경쟁력 강화는 크게 두 가지 영역으로 전개된다. 하나는 외교의 틀과 방향, 다른 하나는 조직과 인적 쇄신이다. 향후 한국 외교 경쟁력을 극대화하기 위한 전체 틀의 조직·재조직의 문제와 함께 갈수록 심화되는 미중경쟁 속 한국 외교의 비전과 품격, 방향성과 포지셔닝에 대한 심도 있는 정책 수립이 요구된다. 이의 성공적 운용과 대응이 가능하다면 한국 외교는 역동적인 세계외교, 선도외교 국가로 거듭날 수 있을 것이다.

이 책은 외교안보 석학 여덟 분의 전략적 시야, 정책적 경험, 학문적 식견

등을 아우른 외교안보적 경륜과 지혜에 의거, 작성되었다. 대담의 큰 두 축은 미중관계와 한국 대응이었다. 이번 장절도 여기에 맞게 두 파트로 나눠 미중관계를 먼저 살펴보고 다음으로 한국 외교의 대응에 대해 여덟 분의 말씀과 편자의 의견으로 나누어 작성하였다.

### 미중 리더십의 변화와 '경쟁적' 미래

중국 외교가 '늑대전사(戰狼)'처럼 점점 강경해지는 이유는 첫째 시진핑 국가주석 개인 DNA에서 찾아야 한다. 외교는 내정과 리더의 특성을 반영한다. 시 주석은 중화인민공화국 건국에 지분을 가진 개국공신 시중쉰을 아버지로 둔 '오너' 가족 출신이다. '성골' 시주석은 중화인민공화국과 운명공동체로 일체화하여 당과 국가에 절대적인 충성심과 사명감을 가진다. 공산당 창당 100년(2021년)과 중화인민공화국 성립 100년(2049년)이란 '두 개의 백년'을 맞아 국가발전 목표, 즉 중화민족의 위대한 부흥을 실현하기 위해서는 그 어떤 이도 아닌 시진핑 본인만이 실현해낼 수 있다는 확신에 차 있다.

여기에 중국 권력구조 내 시진핑을 견제할 만한 인물이나 세력이 부재하는 측면도 있다. 이전엔 장쩌민-주룽지, 후진타오-원자바오처럼 투톱 상호 견제 시스템이 작용했으나, 현 리커창 총리는 약체이며 시 주석의 권력 의지는 과히 절대적이다. 시 주석과 리 총리를 제외한 상무위원회의 다른 5명 모두 시진핑의 추종세력이다. 심지어 지난해 당 중앙위원회 회의 소집·의제 결정권을 시 주석에게 몰아줌으로써 권력자로서의 위상과 권한이 더욱 커졌다. 이러한 시 주석의 확고한 권력 확립은 이미 중국 내부의 시대적, 역사적 추세이다.

마오쩌둥과 덩샤오핑 시기 때 집중되었던 권력이 장쩌민과 후진타오 시기에 집단지도체제로 분산되었다가 시진핑 시기로 들어오면서 재집중되는 양상을 보이고 있다. 중국의 엘리트와 인민들도 이를 수용하는 모양새다.

이는 얼마 전 "중국 공산당 제19기 중앙위원회 6차 전체회의(6中全會)"에서 '당의 100년 분투의 중대한 성취와 역사 경험에 관한 중앙위원회 결의'(역사 결의)로도 나타났다. 지난 100년은 마오쩌둥의 '신민주주의혁명기'와 '사회주의 혁명 건설기', 덩샤오핑의 '개혁개방과 사회주의 현대화 건설기', 그리고 시 주석 집권 이후의 '신시대 중국특색 사회주의 시기'로 크게 3분된다. 이제 시진핑은 마오와 덩의 반열에 올랐으며, 2017년 19차 당대회에서 밝힌 중국몽 실현의 1단계인 2035년까지 권력의 전면이든 무대 뒤에서든 건강에 문제가 없는 한 최고 권력자로서 남을 듯하다. 이는 또 시 주석 개인 특색이 농후한 중국 외교·안보 정책이 더욱 강해질 것임을 의미한다.

한편, 미국의 리더십은 바이든 대통령이 선언한 것처럼 비전과 정책으로 귀환했는지 확신하기 어렵다. 윌슨은 국제평화란 분명한 비전을 가졌음에도 현실적으로 완성하지 못했다. 루즈벨트는 비전은 없었지만 대공황을 극복하고 2차 대전을 승리하며 미국을 초강대국에 올려놓았다. 케네디·레이건·오바마는 국내외 지지를 확보하며 외교정책을 만들었지만 닉슨과 트럼프는 국내 논리로만 접근했다. 바이든은 국내 경제사회적 취약점과 올해 중간선거 승리를 위해 국내 여론을 더 의식하고 있다.

바이든의 국제사회 리더십은 무전략, 무책임, 무질서한 아프간 철수로 미국 리더십의 신뢰성과 도덕성에 논란을 일으켰다. 큰 틀에서 보면 바이든 정부의 국가전략적 선택과 집중의 결과였다. 흩어져 있는 역량들을 하나로 모으고 자기 힘의 소모를 최소화하여 틀과 방향을 재정립하고자 했다. 이를 성공적으로 해낸다면, 미국리더십의 이 보 전진을 위한 일 보 후퇴로 평가될 것이다.

단 미국이 돌아왔는지, 돌아올 수 있을지, 돌아오고 있는지 좀 더 기다려 봐야 한다. 어쩌면 돌아오고 싶다가 정확한 표현이다. 트럼프의 외교는 거칠었고, 바이든의 외교는 세련되지만 둘 다 아메리카 국익 퍼스트이기는 마찬가지이다. 하지만 미국 단독으로는 쉽지 않고 결국 부족한 부분은 동맹과 다자주의로 채워야 한다. 레이건 시기 국무장관 조지 슐츠는 외교정책을 정원 가꾸기에 비유했다. 바이든이 글로벌 거버넌스와 메커니즘 혁신으로 정원의 구조까지 (재)설계하는 조경사일지 국제사회의 현실을 있는 그대로 관리하는 정원사일지는 미국이 이번 우크라이나 사태를 어떻게 잘 종결지을지에 달려 있다.

현 시점에서 미중관계를 보면, 미중 양국이 바라보는 방향은 같지 않다. 중국은 미국이 말하는 공존이 중국이 원하는 '평화로운' 병존이 아니며, 격렬한 경쟁과 대립이 상존하는 상황으로 인식한다. 중국은 미국이 중국의 굴기와 발전을 위협으로 보며, 중국의 핵심이익을 위협하는 경계선을 수시로 넘나든다고 본다. 미국은 미국대로 '세력전이'가 당장에 일어나고 있지는 않지만 새로운 도전자로서 중국이 만만치 않다고 본다. 미국은 지난 70여 년간 깔아놓은 가치 인프라와 동맹 네트워크가 계속 부족하게만 느낀다. '길게 보고'(장기전) '약점을 보강하면서'(진지전) '다각적으로 맞대응'(여론전·심리전·법률전)하는 중국이 더 크기 전에 확실히 제압하려 한다.

그럼에도 미중은 현재 양국 모두 갈등과 충돌이 있어도 통제가능 범위 내에 있어야 한다는 암묵적 인식이 있는 듯하다. 양국 정상은 2021년 11월 16일 첫 정상회담을 개최하였다. 이때 바이든 대통령은 "우리의 책임은 ... 양국 간 경쟁이 충돌로 번지지 않도록 상식의 가드레일을 필요로 한다"고 했고, 시 주석은 "풍랑 속에 같이 나아가기 위해서는 양국이 키를 꼭 잡고 항로 이탈이나 충돌이 없도록 노력해야 한다"고 했다. 나아가 양국은 기후변화 대응, 백신 협력, 국제 에너지 공급난 해결 필요성을 논의했다. 북한, 아프가니스탄, 이란을 포함한 주요 지역 문제에 대해서도 의견을 교환했다. 비록 양측 간 합의문은 없었지만 정상회담에서 미국의 대중 요구 핵심인 '투명'과 중국의 대미 요구 핵심인 '존중'이란 상호 접점을 찾기 위한 시도를 하였다.

때문에 당장에 미중관계가 신냉전으로 치닫기보다는 신냉전의 '초입(初入)'에 서 있다라고 보는 것이 더 적합할 듯하다. 바이든의 미·중 시기에도 충돌과 경쟁만이 아니라 협력의 여지가 존재한다. 미·중 관계에서 경쟁과 협력의 비율을 놓고 경쟁의 정점을 10이라 할 때, 오바마 시기에는 경쟁이 5~6, 트럼프 시기는 8~9, 바이든의 지금은 7 전후라고 보여진다. 미·중 경쟁은 역사 속 늘 있었던 강대국 경쟁이며, 상호불신의 문제다. 우리가 현 상황을 신냉전이라 보고자 한다면 판단 기준을 정해야 한다.

즉 바이든의 향후 4년도 여전히 '트럼프'식 대외정책인가? 중국은 더욱 불투명하고 공세적인가? 국제사회의 다자주의 기제와 기능은 상실되는가? 양 강대국을 중심으로 세력이 규합되고 상호 적대시하는가? 이데올로기와 문명적 갈등이 표면화하는가? 반(反)세계화나 비(非)세계화의 시대로 접어드는가? 등을 종합적으로 판단해야 한다. 따라서 미중 양국은 자국의 핵심이익을 지키기 위해 강경 입장은 유지하겠지만 관계의 전체 틀을 먼저 깨지는 않는, 투이불파(鬪而不破)의 모습을 계속 보여줄 것이다.

## 여덟 차례 대담의 논점과 학습

우리 외교가 언제 무엇을 어떻게 해야 할지 여덟 분과의 대담을 통해 그 해법을 찾고자 했다. 그 첫 번째 대담은 정세현 전 민주평통 수석부의장과 이뤄졌다. 그는 통일정책 고위 관료로서 오랫동안 북한 문제를 다루어 왔지만, 북한을 남북 양자관계에서만이 아닌 미중관계란 큰 틀에서 바라보아야 한다고 주장했다. 미중관계는 아직도 미국이 주도권을 가지고 있으며, 미국의 중국 다루기가 성공하기 위해서는 중국을 제대로 이해하는 것부터 출발해야 하며, 상대를 알고(知彼知己) 상대의 계책을 역이용(將計就計)하는데서 출발해야 한다고 강조했다. 이어 지피지기와 장계취계는 한국 외교에도 적용되는 전략적 지혜임을 재강조하였다.

윤영관 전 외교장관과의 대담에서는 세계 10위권 국력 한국의 외교적 문제점과 지향점이 논의되었다. 한국 외교는 21세기형이어야 하나 국제질서를 바라보는 시각은 여전히 19세기적이다. 한국 외교는 아직 두 개의 함정에 빠져 있는데, 즉 문제해결의 의지가 있는지, 혹 있더라도 전체 판세를 잘 읽고 있는지이다. 급변하는 국제질서 속에서 한국 외교의 전성시대를 열기 위해서는 3축 외교가 필요하며, 그간 과도하게 집중되었던 미중일북 중심의 횡축 외교 이외 또 다른 두 축인 러시아·아세안·인도의 종축과 글로벌 외교 축을 적극 활용할 것을 제안하였다.

문정인 세종연구소 이사장은 미중 진영 외교를 넘어선 초월적 외교를 주문하였다. 역사적으로 명청 교체기 때 떠오르는 후금과 지는 명 사이 척화파와 주화파의 대결, 임진왜란 때에는 동인과 서인 사이 대결처럼 조선 내부의 치열한 외교 노선 투쟁이 있었다. 현재는 미중 대립각 사이 선택의 딜레마에 빠진 우리 외교의 모습과도 중첩된다. 이런 때 한국은 명민한 스마트외교, 원칙에 기반한 결기 외교, 국민적 합의 외교, 공공외교란 외교적 역량을 갖추어야 한다. 명민한 외교와 결기는 원칙에 기반, 가치를 일관성 있게 추구하는 국가 리더십에 절대적으로 달려 있음을 강조하였다.

한승주 전 장관은 현 한국 외교가 인재도 절차도 정책도 없고 코드만 있는 3무 1유(三無一有) 외교라는 입장을 피력하였다. 일단 대통령직에 당선되고 나면 지도자는 본인이 생각하는 방향이나 정책을 구현하기 위해 노력하는 것은 당연하나, 집권 이전과 이후의 상황은 달라야 하며, 오히려 3유1무(三有一無) 외교가 되어야 한다. 아무리 국익이 판치는 국제정치라 하더라도 지도자 간, 국가 간 신뢰 구축은 매우 중요하다. 일관된 원칙 외교만이 미중 사이 딜레마이든, 중국이 한국을 압박하든, 밀리지 않을 수 있는 우리의 가장 강력한 외교적 자산이 될 수 있음을 강조하였다.

이종석 전 통일부 장관은 북한 연구자로서 한국 외교를 바라볼 때 가장 중요한 덕목을 정책의 일관성과 주인의식으로 꼽았다. 그간 한국 외교의 구조적 문제는 과도한 북핵 문제 몰입이라고 진단하였다. 때문에 한국 외교가 세계적으로 뻗어나가기 위해서는 남북관계의 안정과 정권 교체를 넘어선 대북정책의 지속성이 최우선적으로 전제되어야 함을 강조하였다. 정부는 일관적으로 한반도 운전자이든 네이비게이션이든 또 다른 역할이든 한반도 문제에 있어 주인의식이 있어야 한다. 운전석이든 보조석이든 또 다른 자리에 앉든 적극적인 사고와 실천이 핵심임을 지적했다.

하영선 서울대 명예교수는 현 세계질서를 건축에 비유해 신축이라기보다는 재건축이며 이미 상당히 진행 중이라고 보았다. 미국이 물리적 쇠퇴를 겪는 와중에 중국은 신흥대국으로 굴기와 성장을 거듭하고 있다. 그러나 중국이 미국 주도 세계질서를 대체하기 어렵고, 미국은 동맹을, 중국은 다자주의를 강조하고 있는 만큼 과거처럼 어느 한 국가가 혼자 재건축을 담당하기 어렵다. 시대적 전환점에서 한국 외교는 세계질서 변화를 바라보는 안목으로 국제 역량과 국내 역량을 결합·조정해낼 수 있는 링커(linker) 국가가 되어야 함을 주장하였다.

위성락 전 러시아 대사는 한국 외교의 구조적 문제점을 극복하기 위해 가장 먼저 외교 생태계의 개혁을 주장하였다. 한국 외교는 자기중심적이고 감정적 관점, 국내 정치 위주 관점, 이념적 당파적 관점, 파퓰리즘, 아마추어리즘의 5대 문제점이 있다. 이의 극복을 위해 외교안보 커뮤니티를 구성하는 관료, 정치권, 시민사회, 언론, 학계의 리더십이 발휘되어야 한다. 나아가 한국 외교의 경쟁력을 강화하기 위해서는 외교 역량을 업그레이드해야 하는데, 중견 국가로서 동북아, 세계평화의 촉진자·매개자 역할을 해야 하며, 한국의 좌표설정을 제대로 선택할 수 있어야 가능함을 강조하였다.

김종휘 전 외교안보수석은 외교의 전략적 운용과 초당적 협력이 한국 외교의 미래를 좌우할 것이라 전망하였다. 북방정책은 사회주의권으로 수출 영토를 넓혔고 중러의 대북 지원을 차단했으며 통일을 염두에 둔 다목적 전략이었다. 국제사회의 더 큰 역할과 위상을 위해서는 국가 규모를 키워야 하며 한반도 통일을 이뤄야 한다. 그런데 그간 정권 교체마다 정책의 단절은 한국 외교의 최대 약점이었다. 때문에 초당적 협력을 통해 통일 이후 동맹관계, 미중 딜레마, 국내 경제사회 문제 등을 해결함으로써 한국 외교의 양적 질적 도약을 이뤄낼 수 있음을 거듭 강조하였다.

### 한국 외교의 틀과 방향 제언

포스트 코로나, 치열한 미중 경쟁 속 한국 외교는 이념적, 당파적, 이익적 갈등을 넘어서는 신사고에 기반한 신 외교 리더십과 지속가능한 역량을 선보여야 하는 도전에 직면했다. 한국 외교의 발전을 위해서는 더 크고 넓고 올바른 전략방향으로의 수립과 이를 적극 추진할 수 있는 내부 역량을 도모, 혁신해야 한다. 이것이 가능하다면 북한, 주변국, 여타 중점 외교의 실질적인 성과를 낼 수 있을 것이다. 신정부는 국내외 기대를 모두 충족하는 신(新)외교를 선보여야 하며, 그래서 편자는 10개의 정책제언을 하고자 한다.

첫째, 한국 외교는 지리적, 심리적 제약을 넘어 역동적 방향으로 나아가야 한다. 매 정부마다 한국 외교의 정책적 강조점들이 달랐다. 실제로 실천했는지 여부를 떠나 지리적으로는 한반도부터 동북아, 동아시아, 아시아, 글로벌 차원으로 매번 방점이 달랐다. 이념적으로는 한미동맹을 중심으로 미국의 동맹정책 입장을 적극 호응하는 경우부터 한반도의 현실로서 중국과의 관계를 반영하려는 입장도 있었다. 그러나 새로운 아젠다로 외교를 확대하려 해도 북한 리스크로 인해 결국 한반도를 넘어서지 못했다.

단 2020년 코로나 발생 이후 한반도의 외교안보환경과 대한민국의 위상에 큰 변화가 있었다. 한국은 국제사회 선진강국으로서 새로운 위상을 가지게 되어 이전처럼 수동적 외교, 북핵에만 매달리는 북한외교만 할 수 없는 상황이 되었다. 한국 국민들의 선진국 시민으로서의 자각과 글로벌 시민으로서의 열망 또한 차기 정부의 외교정책에 적지 않은 영향을 미칠 것이다.

둘째, 한미 21세기 포괄적 협력 파트너십에 기반한 동맹관계의 다층적, 다차원적 협력체계를 구체화해야 한다. 한국은 아시아에서 미국의 후원 아래 서구식 가치와 재부가 성공적으로 접목된 사례이며 미국이 다른 나라에 모범적 사례로 설명할 수 있는 국가이다. 한국은 국제관계의 안정을 그 어느 나라보다 원하며, 그 어느 나라보다도 미국의 리더십이 발휘되길 원한다. 한국은 미국에게 '긍정의 힘(postive power)'이 될 것이며 또 되어야 한다.

2021년 5월 한미정상회담에서 합의한 것처럼 양국은 21세기 한미 포괄적 협력 파트너십 동맹관계로 나아가야 간다. 한미 동맹의 범위가 '한반도 안보' 위주에서 '글로벌 평화와 번영' 차원으로 확대키로 하였다. 한미관계가 안보동맹에서 공급망과 기술혁신, 백신과 인간안보, 국제개발협력 등 글로벌 포괄적 파트너십으로의 격상에 합의하였다. 즉 확장억지, 전작권 등 양국의 현안들도 분명한 결과로서 나타나야 한다.

셋째, 올해 수교 30주년을 기점으로 한중이 합의한 전략적 협력동반자에 부합하는'전략적 협력'을 구체화해야 한다. 양국은 보다 안전한 전통안보 환경의 조성을 위해 협력하는 관계로 나아가야 한다. 즉 동북아의 평화와 안정,

특히 한반도의 미래 건설에 함께 노력할 수 있다. 양국은 보다 발전된 경제원원 환경의 조성을 위해 협력하는 관계로 나아가야 한다. 즉 지속가능한 경제협력의 합리적, 포괄적 합의의 바탕 위에 공동의 경제발전을 이룩할 수 있다. 양국은 보다 개선된 인간안보 환경의 조성을 위해 협력하는 관계로 나아가야 한다. 즉, 재해, 범죄, 환경, 테러 등 초국가적, 비군사적 안보사안에 대해 함께 협력할 수 있다.

넷째, 미중 사이 선택 딜레마가 발생 시 한국은 '상식의 가드레일'에 따라 결정해야 한다. 바이든 대통령이 지난 11월 미중정상회담에서 양국 사이 갈등과 충돌을 방지할 수 있는 상식의 가드레일이 필요하다고 강조하였다. 마찬가지로 한국 외교도 장기적 국가발전의 비전과 목표 아래 국익 최우선의 원칙에 의거한 '상식의 가드레일'이 필요하다.

다섯째, 전략적 모호성과 전략적 선명성은 상호대립이 아닌 보완적 개념이며 이를 적절히 병행해야 한다. 전략적 모호성이냐 전략적 선명성이냐 사이 선택을 고민할 것이 아니라 우리의 전략적 비전, 시야 및 판단과 실천 능력을 더 생각해야 한다. 전략적 모호성 유지 시에도 선명성을 취할 수 있고, 전략적 선명성 선택 시에도 전략적 모호성을 보여야 할 때가 있다. 양자택일의 문제가 아니며 취사선택한다고 해서 꼭 그 전략만을 고집할 필요가 없다. 양자 사이 전략의 유효성, 유용성, 적시성, 적절성을 모두 고민해 유연하게 대응해야 한다.

대미국 전략적 선명성 입장을 선택 시, 중국으로부터 오는 많은 '비용'을 감내할 수 있을지, 즉 중국 없이 대북정책을 자신할 수 있을지, 중국의 대한국 유형, 무형 경제압박을 견딜 수 있을지, 이런 상황이 발생했을 때 미국이 한국을 전면적으로 심리적, 물질적 지지를 할 수 있을지 종합적으로 판단해 결정해야 한다.

여섯째, 한반도 평화체제 유관국들의 입장 조율도 우선순위에 두어야 한다. 당장에 평화체제의 용어와 개념은 국가별로 차이를 보인다. 평화체제를 어떻게 규정하느냐에 따라 평화체제 추진 범위와 속도가 달라질 수 있다. 평화체제를 전쟁 종식의 정적인 상태로 볼지, 평화 구축의 동적인 과정으로 볼지, 국가들 간 조율을 이끌어낼 수 있도록 해야 한다.

일곱째, 변하는 환경에 맞게 신경제와 신안보를 새롭게 주목해야 한다. 기술혁신으로 새롭게 생겨나는 안보 이슈들이 있다. 4차 산업혁명이 대표적인데 5G, 양자 컴퓨터, 반도체 등 다양한 분야에서 다양한 기술패권의 도전이 밀려오고 있다. 기술 표준 문제도 중요한 과제다. 여기에 기후변화와 환경, 보건, 방역, 사이버 테러 등도 새로운 안보 이슈로 떠오르고 있다. 이 이슈들은 북핵 문제와 미중일러 한반도 주변 4강과 같은 동일한 반열에 세워도 좋을 만큼 중요해질 것이다.

여덟째, 공공외교는 상대국 맞춤형, 포괄적 공공외교로 나아가야 한다. 한국이 국제사회에 표방할 가치는 국제사회가 받아들일 수 있는 중도적 가치의 평화개념이어야 하며, 구체적인 실천 아젠다로 UN 지속가능한 발전목표(SDG) 목표와 연계해 추진하는 방식이어야 한다. 공공외교를 수행함에 있어 중앙뿐만 아니라 혹 지방정부, 기업, 언론, 시민사회 등 다양한 행위자들이 참여한 협력 방향으로 소통해야 한다. 일부 비효율성이 발생하더라도 다원화, 분권화를 바탕으로 다양한 협력을 복합·다발적으로 전개하는 것이 중요하다.

아홉째, 한국의 외교안보정책은 정파를 초월한 실용적 접근이어야 한다. 한국 외교는 정권이 교체될 때마다 방향성이 달라지며 이는 국제사회에서 한국 외교책의 신뢰성, 지속성의 문제를 야기한다. 한국 외교는 외교방향에 대한 국내 합의가 필요하며 가치의 진영 논리를 벗어난 초당적 협력을 해야 한다. 국회, 학자, 전문가, 언론인들이 한국적 가치, 규범, 이익 등 외교적 컨센서스를 마련할 수 있는 라운드테이블 장이 필요하다.

열번째, 조직개혁을 포함, 외교역량 혁신이 있어야 한다. 한국 외교의 새로운 전략적 틀을 구축하기 위해서는 국가안보실의 기능을 보완하고, 외교부와의 관계를 재조정할 필요가 있으며 외교부의 외교 행위에 대한 일정한 독자성을 보장해야 한다. 외교전략 관련 싱크탱크의 역할이 강화될 필요가 있으며 민간과 정부 간 협력메커니즘이 활성화되어야 한다.

## 마무리하며

현재 국제질서는 크게 동요하고 있다. 냉전체제 해체 이후 국제질서의 불안정 가운데 미중 전략경쟁의 격화로 인한 아시아지역의 유동성이 증대되고 있다. 새로운 위협의 등장에 따라 전통적 안보개념은 변화를 겪고 있으며, 안보개념의 확대와 아울러 인간안보의 중요성이 커지고 있다. 첨단기술과 글로벌 공급망 등 경제와 안보의 경계가 약화되는 신경제 시대와 함께 기후변화, 팬데믹, 사이버 테러 등 신안보의 시대가 도래하고 있다.

지속적인 발전을 통해 대한민국은 2021년 선진국그룹으로 진입했으며, 중견강국의 위상을 확립했다. 또한 한미동맹은 안보동맹에서 포괄적 동맹으로 진화했으며, 공간적 영역도 한반도에서 글로벌 차원으로 확장되었다. 한국의 고양된 국가위상을 기반으로 국제질서의 재편과 신경제·신안보시대에 부합하는 신외교의 방향성을 정립할 시점이다.

대한민국의 전략적 위상과 외교의 상대적 자율성을 활용해 국익과 민생을 우선하는 외교를 지향해야 할 것이다. 이제 글로벌 공간으로 나아가는 능동적 외교 전략을 통해 한국의 지속가능한 국가발전과 국제사회에 기여하는 선진 실용외교를 펼쳐 나가야 할 것이다. 미중 전략경쟁구도 속에서의 강요된 양자택일의 관점을 지양해야 하며, 국내정치적 정쟁구도와 이념적 편향성에서 벗어나는 것이 중요하다.

중국에 간어제초(間於齊楚)란 표현이 있다. 춘추전국시대 강대국 제(齊)와 초(楚) 사이 등(藤)나라는 지정학적 위치로 인해 매번 선택의 딜레마에 빠졌다. 맹자(孟子)는 생존전략으로 "성 밑에 연못을 깊게 파고 성을 높이 쌓은 후 백성들이 끝까지 함께 하도록 만들 것"을 제시했다. 한국이 내치와 경제로 국민화합과 국력확장을 하는 동시 외교적으로 한국적 가치, 규범, 이익의 컨센서스를 이루고 초당적 협력을 해낸다면 엄혹한 남북관계와 한반도 국제관계를 넘어설 수 있을 것이다. 그리고 새로운 국위와 국격에 부합하는 한국 외교의 길을 찾을 수 있을 것이다.

# 편저자 소개

황재호 한국외대 국제학부 교수는 현재 행정안전부 정책자문위원, 통일연구원 초청연구위원, 한국국제정치학회 이사, 글로벌전략협력연구원장을 맡고 있다. 대만중국문화대학교에서 문학사, 런던정경대(LSE)에서 비교정치학 석사, 국제관계학 박사학위를 받았다. 한국국방연구원 선임연구원, 경남대 극동문제연구소 객원연구위원, 미국 브루킹스 연구소, 중국 베이징대, 외교학원, 국제문제연구소, 일본 방위연구소, 게이오대 펠로우 등을 거쳤으며, 청와대 국가안보실, 대통령 직속 정책기획위원회 위원, 외교부, 국방부 서울안보대화, 국회 한중정치경제포럼 자문교수 등을 역임했다.

©김현민 기자

# 한국 외교의 길, 석학들이 답하다


| | |
|---|---|
| **초판 1쇄** | 2022년 7월 21일 |
| **초판 2쇄** | 2022년 10월 25일 |
| **엮은이** | 황재호 |
| **발행인** | 고윤성 **Director, University Knowledge Press** |
| **편집장** | 신선호 **Executive Knowledge Contents Creator** |
| **도서편집** | 장혜정 **Contents Creator** |
| | 노재은 **Contents Creator** |
| **디자인** | 김대욱 **Designer** |
| | 최선아 **Designer** |
| **인사행정** | 이근영 **Managing Creator** |
| **재무관리** | 정예찬 **Managing Creator** |
| | 김문규 **Managing Creator** |
| **사전·앱북** | 변다은 **Contents Creator** |
| **캐릭터** | 정정은 **Contents Creator** |
| **발행처** | 한국외국어대학교 지식출판콘텐츠원 |
| | 02450 서울특별시 동대문구 이문로 107 |
| | 전화 02)2173-2493~7 |
| | FAX 02)2173-3363 |
| | 홈페이지 http://press.hufs.ac.kr |
| | 전자우편 press@hufs.ac.kr |
| | 출판등록 제6-6호(1969. 4. 30) |
| **인쇄·제본** | (주)케이랩 053)583-6885 |

ISBN 979-11-5901-905-0 [03340] 정가 19,000원


* 잘못된 책은 교환하여 드립니다.



---

HU NE 은 한국외국어대학교출판부의 어학도서, 사회과학도서, 지역학도서 Sub Brand이다. 한국외대의 영문명인 HUFS, 현명한 국제전문가 양성(International+Intelligent)의 의미를 담고 있으며, 휴인(携引)의 뜻인 '이끌다, 끌고 나가다'라는 의미처럼 출판계를 이끄는 리더로서, 혁신의 이미지를 담고 있다.